edition suhrkamp

Redaktion: Günther Busch

Ronald D. Laing, geboren 1927 in Glasgow, promovierte 1951 zum Doktor der Medizin. Von 1951 bis 1953 arbeitete er als Psychiater in der britischen Armee; 1956 lehrte er Psychologie an der Universität in Glasgow; von 1962 bis 1965 war er Direktor der Langham-Klinik in London. Seit 1961 arbeitet er im Travistock Institute of Human Relations in London. Werke: *The Self and Others; The Families of Schizophrenics; The Divided Self; The Politics of Experience.*

Ronald D. Laings Studie über Formen und Mystifikationen menschlicher Erfahrung ist ein Beispiel dafür, wie mit Hilfe sozialpsychologischer und psychoanalytischer Kategorien gesellschaftliche Konventionen und Tatbestände durchschaubar gemacht werden können. Indem der Autor psychische Prozesse mit dem Blick auf ihre sozialen Implikationen und diese Implikationen als politische Phänomene deutet, liefert er der Wissenschaft einen neuartigen Ansatzpunkt zur Beschreibung der Binnenstruktur menschlichen Verhaltens und zur Erforschung personaler Identität.

Ronald D. Laing
Phänomenologie der Erfahrung

Suhrkamp Verlag

Titel der Originalausgabe *The Politics of Experience*
Aus dem Englischen übersetzt von Klaus Figge und Waltraud Stein

edition suhrkamp 314
Erste Auflage 1969
 Satz, in Linotype Garamond, Druck und Bindung bei Wagner GmbH, Nördlingen. Gesamtausstattung Willy Fleckhaus.

13 14 15 16 17 – 90 89

Inhalt

Für meine Kinder

Einleitung

Wenige Bücher heute sind entschuldbar. Schwärze auf der Leinwand, Stille auf dem Bildschirm, ein leeres Blatt Papier sind vielleicht noch möglich. Es besteht kaum Verbindung zwischen Wahrheit und sozialer ›Realität‹. Den Pseudo-Ereignissen um uns passen wir uns an im falschen Bewußtsein, sie seien wahr, real und sogar schön. In der menschlichen Gesellschaft liegt Wahrheit jetzt weniger in dem, was die Dinge sind, als in dem, was sie nicht sind. Im Lichte der verbannten Wahrheit sehen unsere sozialen Realitäten häßlich aus; Schönheit ist kaum noch möglich, falls sie nicht Lüge ist.

Was tun? Wir, fast noch im Leben, im Herzland eines alternden Kapitalismus – können wir mehr tun, als den Niedergang um und in uns zu reflektieren? Können wir mehr tun, als unsere traurig-bitteren Lieder von Desillusion und Niederlage zu singen?[1]

Die Forderung der Gegenwart entspricht dem Versäumnis der Vergangenheit – der Sorge um die selbstbewußte und selbstkritische Menschlichkeit des Menschen. Jedermann muß heute bei seinem Denken, Fühlen oder Handeln ausgehen von seiner (oder ihrer) eigenen Entfremdung. Von deren Formen werden wir einige auf den folgenden Seiten untersuchen.

Wir alle sind Mörder und Prostituierte – gleichgültig, zu

1 Möglicherweise findet die dialektische Theorie derzeit ihre Wahrheit in ihrer eigenen Hoffnungslosigkeit; siehe Herbert Marcuse, *One-Dimensional Man*, Boston 1964 (deutsch: *Der eindimensionale Mensch*, 3. Aufl. Neuwied 1968). Dies entspricht nicht meiner Ansicht.

welcher Kultur, Gesellschaft, Nation wir gehören, und gleichgültig, für wie normal, moralisch oder reif wir uns halten. Die Humanitas ist ihren Möglichkeiten entfremdet. Diese Grundeinsicht hindert uns daran, den ›gesunden Menschenverstand‹ für eindeutig gesund oder den sogenannten Verrückten für verrückt zu halten.[2] Doch verlangt wird mehr als nur ein leidenschaftlicher Aufschrei verletzter Humanität.

Unsere Entfremdung geht bis an die Wurzeln. Eine Realisierung dessen ist notwendiger Ausgangspunkt für jede ernsthafte Reflexion über irgendeinen Aspekt zwischenmenschlichen Lebens heute. Aus verschiedenen Perspektiven gesehen, auf verschiedene Weise gedeutet und in verschiedenen Idiomen ausgedrückt, vereint eine solche Realisierung so verschiedenartige Männer wie Marx, Kierkegaard, Nietzsche, Freud, Heidegger, Tillich und Sartre.[3]

Wir sind benebelte und tolle Kreaturen, Fremde für unser wahres Selbst, für einander, für die geistige und für die materielle Welt – Verrückte selbst von einem idealen Standpunkt aus, den wir nur erkennen, aber nicht einnehmen können. Wir sind hineingeboren in eine Welt, in der uns Entfremdung erwartet. Wir sind potentiell Menschen, aber leben in der Entfremdung, und das ist kein natürlicher Status. Entfremdung als unsere gegenwärtige Bestimmung ist nur möglich durch Gewaltanwendung von Menschen gegenüber Menschen.

2 Eine wissenschaftliche Analyse der Entfremdung im soziologischen und im klinischen Sinne findet sich bei: Josef Gabel, *La fausse conscience*, Paris 1962.

3 Es ist zu spät heute, den Boden nochmals zu untersuchen, den Denker der letzten 150 Jahre bearbeitet haben, als sie das Wesen der Entfremdung (besonders im Zusammenhang mit dem Kapitalismus) herausfanden. Siehe Ernst Fischer, *Von der Notwendigkeit der Kunst*, Hamburg 1967.

I. Person und Erfahrung

»... jene große und echte Amphibie, deren Natur es ist, nicht nur in verschiedenen Elementen zu leben wie andere Kreaturen, sondern in geteilten und geschiedenen Welten.«

Sir Thomas Browne, *Religio Medici*

1. *Erfahrung als Evidenz*

Selbst Fakten werden zu Fiktionen, wenn ›die Fakten‹ nicht adäquat gesehen werden. Wir brauchen weniger Theorien als vielmehr Erfahrung, die Quelle der Theorie ist. Wir sind nicht mit Glauben im Sinne einer unplausiblen, irrationalen Hypothese zufrieden. Wir fordern die Erfahrung der ›Evidenz‹.

Wir können das Verhalten anderer Menschen, aber nicht ihre Erfahrung sehen. Deshalb behaupten einige Leute, Psychologie habe nichts mit der Erfahrung, sondern nur mit dem Verhalten des anderen zu tun.

Das Verhalten des anderen ist eine meiner Erfahrungen. Mein Verhalten ist eine seiner Erfahrungen. Aufgabe der Sozialphänomenologie ist es, meine Erfahrung vom Verhalten des anderen in Beziehung zu setzen zur Erfahrung des anderen von meinem Verhalten. Ihr Forschungsgebiet ist die Beziehung zwischen Erfahrung und Erfahrung, ihr wahres Feld die *Intererfahrung*.

Ich sehe dich, und du siehst mich. Ich erfahre dich, und du erfährst mich. Ich sehe dein Verhalten. Du siehst mein Verhalten. Aber ich sehe nicht deine Erfahrung von mir, habe sie nie gesehen und werde sie nie sehen. Ebenso kannst du nicht meine Erfahrung von dir ›sehen‹. Meine Erfahrung von dir ist nicht ›in‹ mir. Sie ist einfach du, wie ich dich erfahre. Und ich erfahre dich nicht als in mir. Gleichfalls nehme ich an, daß du mich nicht als in dir erfährst. ›Meine Erfahrung von dir‹ ist nur ein anderer Ausdruck für ›du, wie ich dich erfahre‹, und ›deine Erfahrung von mir‹ entspricht dem ›ich, wie du mich erfährst‹. Deine Erfahrung von mir ist nicht in dir, und meine Erfahrung von dir ist nicht in mir; aber *deine Erfahrung von mir ist unsichtbar für mich, und meine Erfahrung von dir ist unsichtbar für dich.*

Ich kann deine Erfahrung nicht erfahren. Du kannst meine Erfahrung nicht erfahren. Wir sind beide als Menschen unsichtbar. Jeder ist für den anderen unsichtbar. Erfahrung ist die Unsichtbarkeit des Menschen für den Menschen. Erfahrung nannte man früher ›Seele‹. Erfahrung als Unsichtbarkeit des Menschen für den Menschen ist gleichzeitig evidenter als irgend etwas sonst. *Einzig* Erfahrung ist evident. Erfahrung ist die *einzige* Evidenz. Psychologie ist der Logos der Erfahrung. Psychologie ist die Struktur der *Evidenz,* und deshalb ist Psychologie die Wissenschaft der Wissenschaften.

Wenn schon Erfahrung Evidenz ist, wie kann man je die Erfahrung *des anderen* herausfinden? Denn die Erfahrung *des anderen* ist nicht evident für mich, da sie weder jetzt noch jemals eine meiner Erfahrungen sein kann.

Ich kann nicht anders – ich muß versuchen, deine Erfahrung zu verstehen. Denn wenn ich auch deine Erfahrung nicht erfahre, da sie unsichtbar (un-kostbar, unfaßbar, unriechbar, unhörbar) für mich ist, so erfahre ich dich doch *als Erfahrenden.*

Ich erfahre nicht deine Erfahrung. Aber ich erfahre dich als Erfahrenden. Ich erfahre mich als von dir Erfahrenen. Und ich erfahre dich als dich Erfahrenden als von mir Erfahrenen. Und so weiter.
Das Bemühen um die Erfahrung anderer beruht auf Schlußfolgerungen, die ich ziehe – aus meiner Erfahrung von dir mich erfahrend, wie du mich erfahrend dich erfahrend mich erfahrend ... bist.
Sozialphänomenologie ist die Wissenschaft von meiner eigenen *Erfahrung* und von der anderer Leute. Sie befaßt sich mit der Relation zwischen meiner Erfahrung von dir und deiner Erfahrung von mir, d. h. mit *Intererfahrung*. Sie befaßt sich mit deinem Verhalten und meinem Verhalten, *wie ich es erfahre*, und mit deinem Verhalten und meinem Verhalten, *wie du es erfährst.*
Da deine und der anderen Erfahrung für mich so unsichtbar ist wie meine Erfahrung für dich und die anderen, versuche ich den anderen durch ihre Erfahrung von meinem Verhalten evident zu machen, was ich durch meine Erfahrung von deinem Verhalten auf deine Erfahrung schließe.
Das ist die Crux der Sozialphänomenologie.

Naturwissenschaft befaßt sich nur mit des Beobachters Erfahrung von Dingen – niemals mit der Art, in der Dinge *uns erfahren.* Das bedeutet aber nicht, daß Dinge nicht auf uns und aufeinander reagieren.
Naturwissenschaft weiß nichts von einer Relation zwischen Verhalten und Erfahrung. Das Wesen dieser Relation ist mysteriös – im Sinne Marcels. Das heißt, es ist kein objektives Problem. Es gibt keine traditionale Logik, welche das ausdrücken könnte. Es gibt keine ent-

wickelte Methode, um das Wesen dieser Relation zu verstehen. Doch sie ist die Kopula unserer Wissenschaft, wenn Wissenschaft *eine dem Gegenstand adäquate Form von Wissen* bedeutet. Die Relation zwischen Erfahrung und Verhalten ist der Stein, welchen die Bauleute nur auf ihre Gefahr verwerfen werden. Ohne ihn muß die ganze Struktur unserer Theorie und unserer Praxis zusammenbrechen.

Erfahrung ist unsichtbar für den anderen. Doch Erfahrung ist weder ›subjektiv‹ noch ›objektiv‹, weder ›innerlich‹ noch ›äußerlich‹, weder Prozeß noch Praxis, weder Input noch Output, weder psychisch noch somatisch; sie besteht auch nicht aus irgendwelchen zweifelhaften Daten, gewonnen aus Introspektion oder aus Extrospektion. Am allerwenigsten ist Erfahrung ›intrapsychischer Prozeß‹. Solche Transaktionen, Objekt-Relationen, Übertragungen und Gegenübertragungen, die wir zwischen Menschen vermuten, sind nicht bloß Wechselspiel zweier Objekte im Raum, bei denen intrapsychische Prozesse vor sich gehen.

Die Unterscheidung zwischen ›äußerlich‹ und ›innerlich‹ geht gewöhnlich zurück auf die Unterscheidung zwischen Verhalten und Erfahrung – manchmal jedoch auf gewisse Erfahrungen, die man für ›innerlich‹ hält im Gegensatz zu anderen, die ›äußerlich‹ sind. Genauer gesagt: dies ist eine Unterscheidung zwischen verschiedenen Modalitäten von Erfahrung, nämlich zwischen Wahrnehmung (als äußerlich) im Gegensatz zu Vorstellung usw. (als innerlich). Doch Wahrnehmung, Vorstellung, Phantasie, Spinnerei, Träume, Erinnerungen sind einfach verschiedene *Modalitäten von Erfahrung,* keine ›innerlicher‹ oder ›äußerlicher‹ als andere.

Diese Ausdrucksweise reflektiert aber einen Bruch in unserer Erfahrung. Wir scheinen in zwei Welten zu leben, und viele Leute gewahren nur den äußeren Rest. Solange wir uns bewußt bleiben, daß die ›innere‹ Welt kein Raum ›innerhalb‹ von Körper oder Geist ist, kann diese Ausdrucksweise unserem Vorhaben dienen. (Sie war gut genug für William Blake.) Das ›Innere‹ ist dann also unser persönliches Idiom beim Erfahren unserer Körper, anderer Leute, der belebten und der unbelebten Welt: Vorstellung, Träume, Phantasie und darüber hinaus immer weitere Bereiche der Erfahrung.

Von Bertrand Russell stammt die Bemerkung, die Sterne seien im Gehirn des Menschen.

Die Sterne, wie ich sie wahrnehme, sind nicht mehr und nicht weniger in meinem Gehirn als die Sterne, wie ich sie mir vorstelle. So wenig ich mir vorstelle, daß sie in meinem Kopf sind, so wenig sehe ich sie in meinem Kopf.

Die Relation von Erfahrung zu Verhalten ist nicht die von ›innerlich‹ zu ›äußerlich‹. Meine Erfahrung ist nicht in meinem Kopf. Meine Erfahrung von diesem Zimmer ist draußen im Zimmer.

Meine Erfahrung als intra-psychisch hinzustellen, hieße voraussetzen, daß es eine Psyche gibt, in der meine Erfahrung ist. Meine Psyche ist meine Erfahrung, meine Erfahrung ist meine Psyche.

Viele Leute glaubten, daß Engel die Sterne bewegen. Nun hat sich gezeigt, daß sie das nicht tun. Als Ergebnis dieser und ähnlicher Entdeckungen glauben jetzt viele Leute nicht an Engel.

Viele Leute glaubten, der ›Sitz‹ der Seele sei irgendwo im Gehirn. Seit man Gehirne häufig zu öffnen begann,

hat noch niemand ›die Seele‹ gesehen. Als Ergebnis dieser und ähnlicher Entdeckungen glauben jetzt viele Leute nicht an die Seele.
Wer könnte annehmen, daß Engel die Sterne bewegen? Oder wer könnte so töricht sein, anzunehmen, die Seele existiere nur deshalb nicht, weil man sie unter einem Mikroskop nicht sehen kann?

2. *Interpersonale Erfahrung und interpersonales Verhalten*

Unsere Aufgabe ist es, das Konkrete, das heißt die Realität in ihrer Fülle und Ganzheit, zu erfahren und zu erfassen. Doch das ist unmittelbar völlig unmöglich. An Erfahrung und Auffassung haben wir nur Fragmente.
Wir können ausgehen von Auffassungen der Einzelperson[1], von den Relationen zwischen zwei oder mehr Personen, von Gruppen oder von der Gesellschaft im ganzen; oder wir können ausgehen von der materiellen Welt und die Individuen als sekundär auffassen. Wir

1 Unter dem Stichwort ›person‹ gibt das *Oxford English Dictionary* acht Varianten an: Rolle, die in einem Drama oder im Leben gespielt wird; menschliches Individuum; lebendiger Körper eines Menschen; wirkliches Selbst eines Menschen; Mensch oder juristische Person oder Körperschaft mit gesetzlich festgelegten Rechten und Pflichten; theologisch: die drei Modi des göttlichen Seins in der Gottheit; grammatikalisch: jede der drei Klassen von Pronomen und Merkmale bei Verben, um die sprechende Person anzugeben (d. h. erste, zweite, dritte Person usw.); zoologisch: jedes Individuum eines zusammengesetzten Organismus oder einer Kolonie. – Da wir es hier mit Menschen zu tun haben, sind die beiden für uns besonders relevanten Varianten: Person als *persona*, Maske, zu spielende Rolle; Person als wirkliches Selbst.

können die Hauptdeterminanten unseres individuellen und sozialen Verhaltens von externen Bedürfnissen herleiten. All das sind partielle Ansichten und partielle Auffassungen. Theoretisch braucht man eine Spirale expandierender und kontrahierender Schemata, damit wir uns frei und kontinuierlich bewegen können von verschiedenen Graden der Abstraktion zu höheren oder weniger hohen Graden der Konkretheit. Theorie ist die artikulierte Vision der Erfahrung. Dieses Buch beginnt und endet mit der Person.

Können Menschen heute Personen sein? Kann ein Mensch mit einem anderen, Mann oder Frau, wirklich er selbst sein? Bevor wir eine so optimistische Frage wie ›Was ist eine personale Beziehung?‹ stellen können, müssen wir fragen, ob personale Beziehung möglich ist, oder ob *Personen möglich sind* in unserer gegenwärtigen Situation. Wir sind befaßt mit der Möglichkeit des Menschen. Diese Frage kann nur in ihren Facetten gestellt werden. Ist Liebe möglich? Ist Freiheit möglich?

Ob nun alle, einige oder gar keine Menschen Personen sind – ich möchte ›Person‹ zweifach definieren: von der Erfahrung her als Orientierungszentrum des objektiven Universums, vom Verhalten her als Aktionsquelle. Personale Erfahrung transformiert ein gegebenes Feld in ein Intentions- und Aktionsfeld; nur durch Aktion kann unsere Erfahrung transformiert werden. Es ist verführerisch und leicht, ›Personen‹ einfach als separate Objekte im Raum zu betrachten, die man untersuchen kann wie jedes andere Naturobjekt. Aber schon Kierkegaard stellte fest, daß man nie Bewußtsein finden wird, wenn man im Mikroskop Gehirnzellen oder irgend etwas sonst betrachtet. Ebensowenig wird man je Personen finden, wenn man Personen untersucht, als ob sie lediglich Objekte wären. Eine Person ist das Ich oder das Du, ist das Er oder das Sie, wodurch ein Objekt erfahren wird. Leben diese Erfahrungszentren und Aktionsquellen in völlig beziehungslosen Welten eigener Bauart? Jedermann muß hier auf seine eigene Erfahrung zurückgreifen. Meine eigene Erfahrung als Erfahrungszentrum und Aktionsquelle sagt mir, daß dem nicht so ist. Meine Erfahrung und meine Aktion ereignen sich in einem sozialen Feld reziproker Influenz und Interaktion. Ich erfahre mich – identifizierbar durch mich und andere als Ronald Laing – als erfahren und behandelt von anderen, die auf jene Person, die ich ›mich‹ nenne, Bezug nehmen als ›dich‹ oder ›ihn‹ oder eingruppiert als ›einen von uns‹, ›einen von ihnen‹, ›einen von euch‹.

Diese Form personaler Relationen ergibt sich nicht bei einer Verhaltenskorrelation nicht-personaler Objekte. Viele Sozialwissenschaftler werden mit ihrer Verwirrung fertig, indem sie deren Ursache leugnen. Nichtsdestoweniger wird die naturwissenschaftliche Welt kompliziert durch die Präsenz bestimmter identifizierbarer und über Jahre hinweg zuverlässig re-identifizierbarer Entitäten, deren Verhalten eine Weltanschauung manifestiert oder verbirgt, die ontologisch jener des Wissenschaftlers äquivalent ist.

Man kann beobachten, daß Leute relativ vorhersagbar schlafen, essen, gehen, sprechen usw. Wir dürfen mit einer Beobachtung dieser Art allein nicht zufrieden sein. Die Verhaltensbeobachtung muß durch Schlußfolgerungen ausgeweitet werden zu einem Erfahrungsbeitrag. Erst wenn wir damit beginnen, können wir wirklich das

Erfahrungs-Verhaltens-System konstruieren, welches die menschliche Spezies charakterisiert.

Es ist durchaus möglich, die sichtbare, hörbare, riechbare Aura menschlicher Körper zu untersuchen. Viele Untersuchungen zum Verhalten des Menschen waren von der Art. Man kann zahlreiche Verhaltenseinheiten zusammenfassen und sie statistisch als Bevölkerung ausgeben, in nichts unterschieden von der Vielheit eines Systems nicht-menschlicher Objekte. Aber dann untersucht man nicht Personen. Für eine Wissenschaft von den Personen stelle ich folgende Axiome auf: Verhalten ist eine Funktion der Erfahrung. Erfahrung und Verhalten stehen immer in Relation zu irgend jemand oder zu irgend etwas anderem als dem Selbst.

Wenn zwei (oder mehr) Personen miteinander in Beziehung stehen, wird das Verhalten einer jeden zur anderen durch die Erfahrung einer jeden von der anderen vermittelt und die Erfahrung einer jeden durch das Verhalten einer jeden. Es gibt keine Kontiguität zwischen dem Verhalten der einen Person und dem der anderen. Menschliches Verhalten kann oft als uni- oder bilateraler *Versuch* betrachtet werden, die Erfahrung zu eliminieren. Eine Person kann eine andere so behandeln, *als ob* sie keine wäre, und selbst so handeln, *als ob* sie selbst keine wäre. Es gibt keine Kontiguität zwischen der Erfahrung einer Person und der einer anderen. Meine Erfahrung von dir wird immer durch dein *Verhalten* vermittelt. Verhalten als direkte Folge eines Anstoßes – wie beim Zusammenprall zweier Billardkugeln – oder direkt aus Erfahrung übertragene Erfahrung – wie in den möglichen Fällen extra-sensorischer Wahrnehmung – sind nicht personal.

3. Normale Entfremdung von Erfahrung

Die Bedeutung von Freud für unsere Zeit beruht vor allem darauf, daß er erkannt und weitgehend *demonstriert* hat, daß jede Person gemeinhin nur ein verkümmertes, vertrocknetes Fragment dessen ist, was ›Person‹ sein kann.

Als Erwachsene haben wir unsere Kindheit fast ganz vergessen – die Zeit und ihr Flair. Als Menschen dieser Welt wissen wir kaum etwas von der Existenz der inneren Welt: wir erinnern uns kaum an unsere Träume oder können nichts mit ihnen anfangen. Für unseren Körper erhalten wir uns gerade soviele propriozeptive Empfindungen, daß wir unsere Bewegungen koordinieren und den Mindestanforderungen für bio-soziales Überleben nachkommen können – daß wir Erschöpfung registrieren und die Signale für Hunger, Sex, Defäkation und Schlaf. Darüber hinaus wenig oder nichts. Unser Denkvermögen ist bedauerlich gering – außer im Dienste dessen, was wir in gefährlicher Verkennung für unser Eigeninteresse halten, und außer in Konformität mit dem ›gesunden Menschenverstand‹. Auch unser Seh-, Hör-, Tast-, Geschmacks- und Riechvermögen ist so in mystifizierende Schleier gehüllt, daß jedermann intensive Verlern-Schulung nötig hat, bevor er die Welt frisch zu erfahren beginnen kann – in Unschuld, Wahrheit und Liebe.

Die unmittelbare Erfahrung (im Gegensatz zur gläubigen Erfassung) eines spirituellen Bereichs voller Dämonen, Geister, Mächte, Reiche, Fürstentümer, Seraphim und Cherubim, voll des Lichts, liegt uns noch viel ferner. Je mehr wir den Domänen der Erfahrung entfremdet werden, desto größere Aufgeschlossenheit brauchen wir, um uns von ihrer Existenz nur eine Vorstellung machen zu können.

Viele von uns wissen oder glauben nicht, daß wir jede Nacht Realitätszonen betreten, in denen wir unser Wachleben ebenso regelmäßig vergessen, wie wir beim Erwachen unsere Träume vergessen. Nicht alle Psychologen betrachten Phantasie als Modalität der Erfahrung[2] und als gleichsam kontrapunktisches Gewebe der verschiedenen Erfahrungsmodi. Viele Phantasie-Bewußte glauben, sie sei das Äußerste, was Erfahrung unter ›normalen‹ Umständen erreicht. Dahinter gebe es nur die ›pathologischen‹ Zonen von Halluzination, Phantasmagorie und Wahn.

Diese Lage der Dinge bedeutet eine fast unglaubliche Verwüstung unserer Erfahrung. Dann gibt es leeres Geschwätz über Reife, Liebe, Freude, Friede.

Dies ist selbst eine Konsequenz aus der und ein weiterer Anlaß für die Isolierung unserer Erfahrung (oder dessen, was davon übrig ist) von unserem Verhalten.

Was wir ›normal‹ nennen, ist ein Produkt von Verdrängung, Verleugnung, Isolierung, Projektion, Introjektion und anderen Formen destruktiver Aktion gegen die Erfahrung (siehe unten). Sie ist radikal der Struktur des Seins entfremdet.

Je mehr man das erkennt, desto sinnloser wird es, generalisierende Beschreibungen über scheinbar spezifisch schizoide, schizophrene und hysterische ›Mechanismen‹ fortzuführen.

Es gibt Formen der Entfremdung, welche den statistisch ›normalen‹ Formen der Entfremdung ziemlich fremd

2 Siehe R. D. Laing, *The Self and Others*, London 1961; besonders Teil I.

sind. Die ›normal‹ entfremdete Person hält man für gesund, weil sie mehr oder weniger wie jedermann handelt. Formen der Entfremdung außerhalb der geltenden Entfremdungsnorm werden von der ›normalen‹ Mehrheit mit dem Etikett ›wider-‹ oder ›wahnsinnig‹ versehen.

Der Zustand der Entfremdung, des Schlafens, des Nichtbewußt-Seins, des Nicht-bei-Sinnen-Seins ist der Zustand des normalen Menschen.

Die Gesellschaft schätzt ihren normalen Menschen. Sie erzieht Kinder dazu, sich selbst zu verlieren, absurd zu werden und so normal zu sein.

Normale Menschen haben in den letzten fünfzig Jahren vielleicht hundert Millionen normale Mitmenschen getötet.

Unser Verhalten ist eine Funktion unserer Erfahrung. Unser Handeln entspricht unserer Sicht der Dinge.

Wenn unsere Erfahrung zerstört ist, wird unser Verhalten zerstörerisch sein.

Wenn unsere Erfahrung zerstört ist, haben wir unser eigenes Selbst verloren.

Wieviel menschliches Verhalten – Interaktionen zwischen Personen oder zwischen Gruppen – ist begreifbar in Begriffen menschlicher *Erfahrung*? Entweder unser zwischenmenschliches Verhalten ist nicht begreifbar; dann sind wir einfach die passiven Vehikel unmenschlicher Prozesse, deren Ende dunkel ist und die gegenwärtig außerhalb unserer Kontrolle stehen. Oder unser eigenes Verhalten gegenüber anderen ist Funktion unserer eigenen Erfahrung und unserer eigenen Intentionen, wie weit wir ihnen auch entfremdet sind. Im zweiten Fall müssen wir letzte Verantwortung übernehmen für

das, was wir aus dem machen, woraus wir gemacht sind.
Wir werden Verhalten nicht begreifen können, wenn wir es als unwesentliche Phase in einem wesentlich unmenschlichen Prozeß betrachten. Wir haben Erklärungsversuche gehabt: der Mensch als Tier, der Mensch als Maschine, der Mensch als bio-chemischer Komplex mit gewissen Eigenarten. Größte Schwierigkeit aber bleibt, ein menschliches Verstehen des Menschen in menschlichen Begriffen zu erreichen.
Zu allen Zeiten war der Mensch, wie er glaubte oder erfuhr, Sternenmächten unterworfen, Göttermächten – oder Mächten, die heute in der Gesellschaft selbst walten und, wie früher die Sterne, das Schicksal des Menschen bestimmen.
Der Mensch wurde jedoch nicht nur immer vom Bewußtsein seiner Unterworfenheit unter Schicksal und Zufall, unter bestimmte äußere Notwendigkeiten und Zufälligkeiten bedrückt, sondern auch von dem Bewußtsein, seine ureigensten Gedanken und Gefühle seien in ihrem intimsten Inneren das Ergebnis von Prozessen, denen er unterliegt.
Ein Mensch kann sich selbst von sich selbst entfremden, wenn er sich und andere mystifiziert. Er kann sich auch sein Tun stehlen lassen von anderen.
Wenn man uns die Erfahrung nimmt, nimmt man uns unser Tun. Wenn uns unser Tun sozusagen aus den Händen genommen wird wie Kindern das Spielzeug, beraubt man uns unserer Humanität. Wir sind nicht zu täuschen. Menschen können die Humanität anderer Menschen zerstören und tun es auch. Bedingung für diese Möglichkeit ist unsere Interdependenz. Wir sind nicht

selbstgenügsame Monaden, die keinen Effekt aufeinander erzielen außer unseren Reflexionen. Wir sind beides – von anderen Menschen Behandelte, im Guten oder im Bösen, und Handelnde, die andere verschieden behandeln und beeinflussen. Jeder von uns ist der andere für die anderen. Der Mensch ist ein Erleidend-Handelnder, ein Handelnd-Erleidender in Intererfahrung und Interaktion mit seinen Mitmenschen.

Mit Sicherheit werden wir uns selbst ausrotten, falls wir nicht unser Verhalten befriedigender als gegenwärtig regulieren. Doch wie wir die Welt erfahren, so handeln wir. Dieses Prinzip hält sich, selbst wenn Handeln unsere Erfahrung eher verbirgt als enthüllt.

Wir sind nicht einmal fähig, das Verhalten am Rande des Abgrunds adäquat zu *bedenken*. Doch wir bedenken weniger, als wir wissen; wir wissen weniger, als wir lieben; wir lieben sehr viel weniger, als es gibt. Und wir sind präzise so viel weniger, als wir sind.

Zumindest jedoch enthält die Geburt eines jeden Kindes die Möglichkeit eines Aufschubs. Jedes Kind ist ein neues Wesen, ein potentieller Prophet, gestürzt in die äußere Dunkelheit. Wer sind wir, daß wir entscheiden könnten, es gebe keine Hoffnung mehr?

4. *Phantasie als Erfahrungsmodus*

Die ›Oberflächen‹-Erfahrung unserer selbst und anderer ist Folge einer wenig differenzierten Erfahrungs-Matrix. Ontogenetisch sind die sehr frühen Erfahrungs-Schemata instabil; sie werden überwunden, aber niemals ganz. Mehr oder weniger beeinflussen unsere ersten Eindrücke von der Welt auch weiterhin unsere Erfahrung und unser Handeln. Die erste Art unserer Welterfahrung entspricht ziemlich genau dem, was Psychoanalytiker Phantasie genannt haben. Diese Modalität hat ihre eigene Validität und ihre eigene Rationalität. Infantile Phantasie kann zur abgeschlossenen Enklave werden, zum dissoziiert-unentwickelten ›Unbewußten‹; aber das braucht nicht so zu sein. Diese Eventualität ist eine andere Form der Entfremdung. Die Phantasie, die man heute bei vielen Leuten antrifft, ist ein Splitter von dem, was der Mensch für seine reife, gesunde, rationale, ausgewachsene Erfahrung hält. Wir sehen die Phantasie da nicht in ihrer wahren Funktion, sondern nur in Erfahrung gebracht als zudringlich-sabotierende, infantile Last.

In unserem sozialen Leben vertuschen wir meistenteils die unseren Beziehungen zugrundeliegende Phantasieschicht.

Phantasie ist eine bestimmte Art, zur Welt Beziehungen herzustellen. Phantasie ist ein – manchmal wesentlicher – Teil von Bedeutung oder Sinn (*le sens:* Merleau-Ponty) einer Aktion. Mögen wir von ihr dissoziiert sein als Beziehung, mögen wir sie nicht erfassen in ihrer Bedeutung, mag sie uns verschiedentlich entgehen als Erfahrung: Phantasie ist ›unbewußt‹. Dieser generellen Aussage müssen wir allerdings immer spezifische Konnotationen geben.

Obwohl Phantasie unbewußt sein kann, obwohl wir uns der Erfahrung in diesem Modus also vielleicht nicht bewußt sind oder nicht zugeben wollen, daß unser Verhalten Erfahrungsrelationen oder Relationserfahrungen impliziert, die ihm eine für andere oft (für uns vielleicht) sichtbare Bedeutung geben – ungeachtet dessen braucht

Phantasie uns weder nach Inhalt noch nach Modalität so fernzuliegen.

Kurz gesagt: Phantasie hat in meinem Sprachgebrauch immer mit Erfahrung, mit Bedeutung und – falls jemand nicht von ihr dissoziiert ist – viel mit Relationen zu tun.

Zwei Menschen sitzen da und unterhalten sich. Der eine (Peter) erklärt dem anderen (Paul) etwas. Er erklärt es Paul eine Zeitlang von verschiedenen Seiten; doch Paul versteht ihn nicht.

Stellen wir uns vor, was vor sich gehen mag – im Sinne dessen, was ich mit Phantasie meine: Peter versucht, zu Paul durchzudringen. Er fühlt, daß Paul ihm gegenüber grundlos verschlossen ist. Es wird immer wichtiger für ihn (Peter), Paul zu erreichen oder zu ihm vorzudringen. Doch Paul scheint hart, unzugänglich und kalt zu sein. Peter fühlt, daß er mit dem Kopf gegen eine Wand rennt. Er fühlt sich müde, hoffnungslos, als er seinen Mißerfolg erkennt. Schließlich gibt er auf.

Paul andererseits meint, daß Peter ihn zu hart bedrängt. Er meint, ihn abwehren zu müssen. Er versteht nicht, was Peter sagt, meint jedoch, sich gegen einen Angriff verteidigen zu müssen.

Beider Dissoziation von ihrer Phantasie und von der des anderen bezeichnet bei beiden das Fehlen von Relationen zu sich selbst und zu dem anderen. Sie sind beide mehr und weniger aufeinander bezogen ›in Phantasie‹, als beide es zu sein vorgeben.

Hier strafen zwei (grob gesehen) komplementäre Phantasie-Erfahrungen das ruhige Gespräch zweier Männer im Sessel wilder Lügen.

Es ist falsch, das nur metaphorisch zu verstehen.

5. Die Negation der Erfahrung

Nichts scheint ein wirkungsvolleres Agens zu sein als eine zweite Person, um eine Welt für jemanden lebendig zu machen oder um durch einen Blick, eine Geste, eine Bemerkung die gewohnte Realität zusammenschrumpfen zu lassen.[3]

Die physische Umgebung bietet uns unaufhörlich Möglichkeiten der Erfahrung oder beschneidet sie. Daher kommt die fundamentale Bedeutung der Architektur für den Menschen. Der Ruhm Athens, von Perikles so glänzend begründet, und das Entsetzen angesichts vieler moderner Megalopolen liegen daran: das eine erhöhte das Bewußtsein des Menschen, die anderen engen es ein.

Hier konzentriere ich mich auf das, was wir uns selbst und anderen antun.

Wir wollen das einfachste interpersonale Schema nehmen: betrachten wir Jacks Beziehung zu Jill. Jacks Verhalten gegenüber Jill wird von Jill in bestimmter Weise erfahren. Wie sie ihn erfährt, beeinflußt beträchtlich, wie sie sich ihm gegenüber verhält. Wie sie sich ihm gegenüber verhält, beeinflußt (wenn auch nicht entscheidend), wie er sie erfährt. Und seine Erfahrung von ihr trägt zur Art seines Verhaltens ihr gegenüber bei, was wiederum . . . usw.

Jede Person kann in diesem interpersonalen System zwei fundamental unterschiedliche Handlungsweisen übernehmen. Jeder kann entweder gegen seine eigene Erfahrung oder gegen die der anderen Person handeln; *eine andere Art personalen Handelns ist innerhalb dieses*

3 Erving Goffman, *Encounters: Two Studies in the Sociology of Interaction;* Indianapolis 1961, S. 41.

Systems nicht möglich. Sofern also personales Handeln vom Selbst zum Selbst oder vom Selbst zum anderen in Betracht kommt, kann man nur gegen die eigene Erfahrung oder gegen die des anderen handeln.

Personales Handeln kann Möglichkeiten der Erfahrungsbereicherung eröffnen oder verschließen. Entweder bekräftigt, bestätigt, ermutigt, unterstützt, steigert personales Handeln vornehmlich, oder es entkräftet, widerlegt, entmutigt, untergräbt und engt ein. Es kann kreativ oder destruktiv sein.

In einer Welt, in der Entfremdung ein normaler Zustand ist, muß personales Handeln meist destruktiv wirken auf die eigene Erfahrung und auf die des anderen. Ich werde hier einige Möglichkeiten dafür aufzeigen. Ich überlasse es dem Leser, Erwägungen über die Durchschlagskraft dieser Handlungsweisen aus eigener Erfahrung anzustellen.

Als ›Abwehrmechanismen‹ beschreibt die Psychoanalyse eine Anzahl von Wegen zur Selbstentfremdung des Menschen – beispielsweise Verdrängung, Verleugnung, Isolierung, Projektion, Introjektion. Diese ›Mechanismen‹ werden von der Psychoanalyse oft als ›unbewußt‹ beschrieben, d. h. der Mensch scheint selbst nicht zu bemerken, was er sich zufügt. Selbst wenn jemand genügend Einsicht für die Erkenntnis entwickelt, daß z. B. seine ›Isolierung‹ fortschreitet, so erfährt er an sich diese Isolierung gewöhnlich als Mechanismus, als sozusagen unpersönlichen Prozeß, den er zwar beobachten, aber nicht kontrollieren oder stoppen kann.

Es ist daher phänomenologisch gewiß begründet, solche ›Abwehr‹ mit dem Ausdruck ›Mechanismus‹ zu belegen. Aber wir dürfen hier nicht haltmachen. ›Abwehr‹ hat mechanische Qualität, weil der Mensch, so wie er sich erfährt, von ihr dissoziiert ist. Vor sich und anderen scheint er unter ihr zu leiden. Sie scheint aus Prozessen zu bestehen, denen er sich unterwirft; er erfährt sich als ›Patienten‹ mit besonderer Psychopathologie.

Das sieht jedoch nur aus der Perspektive seiner eigenen entfremdeten Erfahrung so aus. Wenn er ent-entfremdet wird, kann er zunächst einmal diese ›Mechanismen‹ erkennen (falls er sie nicht schon vorher erkannt hat). Dann kann er den zweiten, entscheidenderen Schritt tun: Er durchschaut sie zunehmend als etwas, das er sich selbst zufügt oder zugefügt hat. Aus Prozeß wird wieder Handlung, der Patient wird Agent.

Endlich ist es möglich, den verlorenen Boden zurückzugewinnen. Abwehrmechanismen sind Aktionen der Person gegen die eigene Erfahrung. Schließlich dissoziiert sich die Person von ihrer eigenen Aktion. Das Endprodukt dieser zweifachen Gewalt ist eine Person, die sich nicht mehr voll als Person erfährt, sondern als Teil einer Person, unterwandert von destruktiven psychopathologischen ›Mechanismen‹, denen sie relativ hilflos ausgeliefert ist.

Diese ›Abwehr‹ ist Aktion gegen das eigene Selbst. Aber ›Abwehr‹ ist nicht nur intrapersonal, sie ist *transpersonal.* Ich agiere nicht nur gegen mich selbst, ich kann auch gegen dich agieren. Und du agierst nicht nur gegen dich, du agierst auch gegen mich – in jedem Fall gegen *Erfahrung.*[4]

4 Über Entwicklungen meiner Theorie *transpersonaler* Abwehr siehe: R. D. Laing, H. Phillipson und A. R. Lee, *Interpersonal Perception: A Theory and a Method of Research,* London 1966.

Wenn Jack etwas zu vergessen gelingt, nützt ihm das wenig, wenn Jill ihn immer wieder daran erinnert. Er muß sie dazu bringen, das zu unterlassen. Am sichersten wäre es, wenn er nicht nur ihr Schweigen, sondern auch ihr Vergessen erreichen könnte.

Jack kann gegen Jill in mancherlei Weise vorgehen. Er kann Schuldgefühle in ihr wecken, weil sie ›das‹ immer wieder ›aufbringt‹. Er kann ihre Erfahrung *invalidieren,* und zwar mehr oder weniger radikal: Er kann andeuten, dies sei unwichtig und trivial, während es für sie wichtig und signifikant ist. Darüber hinaus kann er die *Modalität* ihrer Erfahrung vom Erinnern zum Vorstellen schieben: ›Das bildest du dir alles nur ein.‹ Weiter kann er den *Gehalt* invalidieren: ›Das ist niemals so passiert.‹ Und schließlich kann er nicht nur Signifikanz, Modalität, Gehalt, sondern ihr Erinnerungsvermögen überhaupt in Frage stellen und obendrein noch Schuldgefühle in ihr wecken.

Dies ist nichts Ungewöhnliches. Die Leute gehen dauernd so miteinander um. Damit solch transpersonale Invalidation wirken kann, ist es jedoch ratsam, sie mit einer dicken Patina an Mystifikation zu belegen[5] – z. B. durch Leugnen, daß man so etwas tut, durch Bestreiten, daß so etwas überhaupt gemacht wird, durch Einwürfe: ›Wie kannst du nur so etwas denken?‹ ›Du mußt paranoid sein.‹ Und so weiter.

5 R. D. Laing, *Mystification, Confusion and Conflict,* in: *Intensive Family Therapy,* hg. von Ivan Bszobrcmenyi-Nagy und James L. Framo, New York 1965.

6. *Die Erfahrung der Negation*

Es gibt mancherlei Erfahrung des Fehlens oder des Nichtdaseins und manch subtile Unterscheidung zwischen der Erfahrung der Negation und der Negation der Erfahrung.

Jede Erfahrung ist aktiv und passiv, ist Einheit von Gegebenem und Gedeutetem. Eine Deutung des Gegebenen kann positiv oder negativ sein: entweder es ist das Erhoffte, Befürchtete oder Erwartete, oder es ist es nicht. Das Element der Negation steckt in jeder Beziehung und in jeder Erfahrung von Beziehungen. Der Unterschied zwischen dem Nichtdasein von Beziehungen und der Erfahrung jeder Beziehung als eines Nichtdaseins trennt Einsamkeit von ständiger Verlassenheit, vage Hoffnung oder Hoffnungslosigkeit von dauernder Verzweiflung. Meine vermutliche Rolle beim Herstellen der Lage determiniert, was ich noch tun kann oder sollte – vermute ich.

Die erste Andeutung des Nichtseins mag im Nichtdasein der Brust oder der Mutter bestanden haben. Das scheint Freuds Vorstellung gewesen zu sein. Winnicott erwähnt ›das Loch‹, die Schaffung des Nichts durch Verschlingung der Brust. Bion verbindet die Entstehung des Denkens mit der Erfahrung ›keine Brust‹. Nach Sartre schafft der Mensch nicht Sein, sondern wirft Nichtsein in die Welt, in eine ursprüngliche Fülle von Sein.

Nichts außer Erfahrung ersteht als Nichtdasein von jemand oder von etwas: keine Freunde, keine Beziehungen, kein Vergnügen, kein Sinn im Leben, keine Ideen, keine Freude, kein Geld; (körperlich) keine Brust, kein Penis, keine Befriedigung – Leere. Die Liste ist (im Prin-

zip) endlos – nimm irgend etwas und stell dir sein Nichtdasein vor!
Sein und Nichtsein ist das zentrale Thema aller Philosophie in Ost und West. Diese Worte sind keine harmlosen und unschuldigen Verbal-Arabesken – außer in der professionellen Sophisterei der Dekadenz.
Wir fürchten uns vor der grund- und bodenlosen Grundlosigkeit von allem.
›Nichts ist zu fürchten‹ – letzte Beruhigung und letzter Schrecken.

Wir erfahren die Objekte unserer Erfahrung als *dort* in der äußeren Welt. Die Quelle unserer Erfahrung scheint außerhalb von uns selbst zu sein. In der schöpferischen Erfahrung erfahren wir die Quelle erschaffener Bilder, Skizzen, Töne als in uns und doch jenseits von uns. Farben fließen aus einer Quelle selbst unerleuchteten Vor-Lichts, Töne aus der Stille, Skizzen aus der Formlosigkeit. Dieses vor-geformte Vor-Licht, dieser Vor-Ton, diese Vor-Form ist Nichts und doch die Quelle alles Geschaffenen.
Wir sind physisch voneinander getrennt und aufeinander bezogen. Personen als körperlich Seiende haben Beziehungen zueinander durch das Medium des Raumes. Wir sind getrennt und verbunden durch die Verschiedenartigkeit von Perspektive, Erziehung, Background, Organisation, Gruppenloyalität, Bindung, Ideologie, sozio-ökonomischem Klasseninteresse und Temperament. Diese sozialen ›Dinge‹ vereinen uns und treten deshalb ebensooft als soziale Fiktionen zwischen uns. Doch wenn wir alle Dringlichkeiten, alle Zufälligkeiten abstreifen und einander unser Dasein enthüllen könnten? Wenn

man alles wegnimmt, all die Kleider, Masken, Krücken, Schminken, auch die gemeinsamen Projekte, die Spiele als Vorwand für Gelegenheiten, die man als Begegnungen maskiert – wenn wir uns begegnen könnten, wenn es solch ein Ereignis, ein erfreuliches Zusammentreffen von Menschen geben würde: was würde uns dann trennen?
Zwei Leute mit zuerst und zuletzt nichts zwischen sich. Zwischen uns Nichts. Nicht etwas. Was wirklich ›dazwischen‹ ist, kann nicht durch etwas benannt werden, das dazwischen kommt. Das Zwischen ist selbst Nicht-es.
Wenn ich eine Skizze auf ein Stück Papier zeichne, agiere ich auf Grund der Erfahrung meiner Situation. Was erfahre ich als Handelnder, welche Intention habe ich? Versuche ich, etwas an jemand zu übermitteln (Kommunikation)? Ordne ich die Elemente irgendeines inneren Kaleidoskops um (Invention)? Versuche ich, die Eigenheiten der neu entstehenden *Gestalten* zu entdecken (Entdeckung)? Bin ich erstaunt, daß etwas vorher nicht Existierendes erscheint, daß diese Linien auf diesem Papier nicht existierten, bevor ich sie darauf zog? Hier nähern wir uns der *Erfahrung* von Schöpfung und Nichts.

Was man Gedicht nennt, setzt sich vielleicht zusammen aus Kommunikation, Invention, Entdeckung, Produktion, Schöpfung. Durch all den Streit der Intentionen und Motive hindurch ist etwas geschehen: es gibt etwas Neues; Sein ist aus Nichtsein entstanden.

Ohne das Ungewöhnliche ist nichts geschehen. Maschinen kommunizieren bald besser miteinander als die Menschen. In der Situation steckt Ironie: Es gibt immer mehr Interesse an der Kommunikation; es gibt immer weniger zu kommunizieren.

Wir sind nicht so sehr befaßt mit Erfahrungen im ›Füllen einer Lücke‹ in Theorie oder Erkenntnis, im Stopfen eines Lochs, im Besitzen eines leeren Raumes. Es handelt sich nicht um das Setzen von etwas *in* Nichts, sondern um die Erschaffung von etwas *aus* Nichts. *Ex nihilo.* Das Nicht-etwas (in Reinform), aus dem die Schöpfung entsteht, ist nicht ein leerer Raum oder eine leere Zeitspanne.

Beim Nichtsein sind wir an der äußersten Grenze dessen angelangt, was Sprache ausdrücken kann. Wir können jedoch durch Sprache andeuten, warum Sprache nicht sagen kann, was sie nicht sagen kann. Ich kann nicht sagen, was nicht gesagt werden kann; Laute jedoch können uns auf das Schweigen hören lassen. Innerhalb der Sprachgrenze ist anzudeuten möglich, wann die Pünktchen beginnen müssen ... Doch durch ein Wort, einen Buchstaben, einen Laut, OM kann man nicht einen Laut lautlos machen oder Namenloses benennen.

Das Schweigen der Vorformung in und mit Sprache kann nicht ausgedrückt werden durch Sprache. Aber Sprache kann man zur Übermittlung dessen benutzen, was sie nicht sagen kann – durch ihre Lücken, durch ihre Leere und ihre Lapsus, durch ihr Netz von Wörtern, Syntax, Lautung und Bedeutungen. Modulationen von Stimmhöhe und -kraft zeichnen die Form präzise nach, ohne den Raum zwischen den Linien auszufüllen. Doch es ist ein grober Fehler, die Linien für die Skizze zu halten oder die Skizze für das, was sie skizziert.

›Der Himmel ist blau‹ unterstellt: Es gibt eine Wesenheit ›Himmel‹, und die ist ›blau‹. Die Sequenz Subjekt, Verbum, Objekt, in der ›ist‹ als Kopula Himmel und blau vereint, ist ein Nexus von Lautungen, von Syntax, Zeichen und Symbolen, in den wir völlig verstrickt sind und der uns gleichzeitig trennt von dem und hinweist auf den unsagbar himmelblauen Himmel. Der Himmel ist blau; Blau ist nicht Himmel, Himmel ist nicht Blau. Aber wenn wir sagen: ›Der Himmel ist blau‹, sagen wir: ›Der Himmel‹ ›ist‹. Der Himmel existiert, und er ist blau. ›Ist‹ dient dazu, alles zu verbinden; gleichzeitig ist ›ist‹ nichts von dem, was es verbindet.

Nichts von dem, was durch ›ist‹ verbunden wird, kann ›ist‹ qualifizieren. ›Ist‹ ist nicht dies oder das, nicht jenes oder irgend etwas. Doch ›ist‹ ist Bedingung für das Möglichsein von allem. ›Ist‹ ist jenes Nicht-es, durch das alles ist.

›Ist‹ als Nicht-es ist das, wodurch alles ist. Und Bedingung für das Möglichsein von Seiendem überhaupt ist, daß es in Relation steht zu dem, was nicht ist.

Der Grund für das Sein aller Seienden ist also ihre Relation zueinander. Sie ist das ›ist‹, das Sein von allem, und das Sein von allem ist selbst Nicht-es. Der Mensch erschafft, indem er sich selbst transzendiert: Indem er sich selbst offenbart. Aber was erschafft, woher, wozu, der Lehm, der Topf, der Töpfer – alles ist Nicht-ich. Ich bin der Zeuge, das Medium, der Anlaß eines Geschehens, das Erschaffenes evident macht.

Der Mensch ist nicht mit Entdeckung dessen, was ist, befaßt, nicht mit Produktion, nicht einmal mit Kommunikation oder Invention. Er verhilft dem Sein zur Entstehung aus dem Nichtsein.

Die Erfahrung, eigentliches Medium eines kontinuierlichen Schöpfungsprozesses zu sein, trägt uns über alle Depression, über Verfolgung, eitlen Ruhm, über Chaos sogar oder Leere hinweg mitten in jenen kontinuierlichen Sprung von Nichtsein in Sein; sie kann Anlaß der großen Befreiung sein, wenn jemand vom Vor-nichts-Angsthaben übergeht zur Erkenntnis, daß es nichts gibt, wovor man Angst haben muß. Gleichwohl ist der Weg leicht zu verlieren – überall und besonders kurz vor dem Ziel.

Hier kann großes Glück entstehen. Doch so leicht man in diesem Prozeß mitschwingen kann, so leicht kann man auch von ihm zerrissen werden. Ein Akt der Vorstellungskraft ist erforderlich, wenn man nicht aus eigener Erfahrung weiß, welche Hölle dieses Grenzland werden kann. Doch dazu ist Vorstellungskraft ja da.

Jemandes Haltung oder Stellung zu jenem Akt oder Prozeß kann entscheidend werden unter dem Gesichtspunkt von Verrücktheit oder Gesundheit.

Es gibt Menschen, die sich aufgerufen fühlen, sogar sich selbst aus dem Nichts zu zeugen; ihr Gefühl sagt ihnen dumpf, sie seien nicht adäquat oder nur zur Destruktion erschaffen worden.

Wo es keine Bedeutungen, keine Werte, keine Stütze oder Hilfe gibt, da muß der Mensch als Schöpfer erfinden, muß Bedeutungen und Werte, Stützung und Beistand heraufbeschwören aus dem Nichts.

Ein Mensch mag wirklich etwas Neues produzieren (ein Gedicht, eine Skizze, eine Skulptur, ein Gedankensystem), mag nie zuvor gedachte Gedanken denken, mag nie zuvor gesehene Ansichten produzieren – wenig Nutzen wird er wohl aus seiner eigenen Schöpferkraft ziehen. Auch nicht die sublimste Phantasie wird durch solche ›Darstellung‹ modifiziert. Als Schicksal erwartet

den Schöpfer nach Ignorierung, Geringschätzung und Verachtung, glücklicher- oder unglücklicherweise (das kommt auf den Standpunkt an) vom Nicht-Schöpfer entdeckt zu werden.
Es gibt plötzliche, offenbar unerklärliche Selbstmorde, die man als ersten Schimmer einer Hoffnung verstehen muß, die unerträglich furchtbar und quälend ist.
In unserer ›normalen‹ Entfremdung vom Sein gibt uns derjenige, der sich des Nichtseins, das wir für Sein halten, gefährlich bewußt ist (der Pseudo-Wünsche, Pseudo-Werte, Pseudo-Realitäten endemischer Wahnvorstellungen, die man für Leben, Tod usw. hält), gegenwärtig die Schöpfungsakte, die wir verachten und ersehnen.
Worte in einem Gedicht, Laute im Takt, Rhythmus im Raum versuchen, personale Bedeutung in personaler Zeit und personalem Raum wiedereinzufangen aus Ansichten und Lauten einer entpersonalisierten, enthumanisierten Welt. Sie sind Brückenköpfe in fremdem Territorium. Sie sind Akte der Insurrektion. Wo und wann immer solch ein Gewinde geformten Lautes oder Raumes etabliert wird in der äußeren Welt, schafft die Kraft in ihm neue Kraftlinien, deren Wirkung zu spüren ist durch Jahrhunderte.
Der schöpferische Atem »kommt aus einer Zone des Menschen, in welche der Mensch nicht hinabsteigen kann, selbst wenn Vergil ihn führen würde; denn auch Vergil würde da nicht hinuntersteigen«.[6]
Diese Zone, die Zone des Nicht-es, der äußersten Stille, ist der Ursprung. Wir vergessen, daß wir alle dort sind.
Eine Aktivität muß im Sinne der Erfahrung verstanden

6 Jean Cocteau, *Tagebücher*.

werden, aus der sie entsteht. Diese Arabesken verkörpern mysteriöserweise mathematische Wahrheit; nur wenige warfen einen Blick auf sie – wie wundervoll, wie exquisit! Dennoch waren sie der Strohhalm eines Ertrinkenden.

Wir sind hier jenseits aller Fragen – ausgenommen jener von Sein und Nichtsein, Inkarnation, Geburt, Leben und Tod. Schöpfung *ex nihilo* wurde für unmöglich erklärt – auch für Gott. Doch wir haben es mit Wundern zu tun. Wir müssen die Musik jener Braque-Gitarren (Lorca) hören.

Vom Standpunkt des seinem Ursprung entfremdeten Menschen aus ersteht Schöpfung aus Verzweiflung und endet im Mißerfolg. Doch solch ein Mensch ist nicht den Weg bis zum Ende gegangen – Ende von Zeit, Raum, Dunkelheit und Licht. Dieser Mensch weiß nicht, daß alles anfängt, wo alles endet.

II. Psychotherapeutische Erfahrung[1]

Während der letzten zwanzig Jahre hat sich die Psychotherapie in Theorie und Praxis komplex entwickelt. Dennoch ist es unmöglich, bei all der verwickelten Komplexität und zuweilen Konfusion »nicht letztlich in unerhörte Simplizität zu verfallen – wie in eine Häresie« (mit den Worten Pasternaks).

In der Praxis der Psychotherapie hat gerade die große Vielfalt der Methoden die essentielle Simplizität deutlich gemacht.

Unerläßliche Elemente der Psychotherapie sind: ein Therapeut, ein Patient, Ort und Zeit (regelmäßig und zuverlässig). Doch auch dann ist es für zwei Menschen nicht leicht, sich zu begegnen. Wir leben alle von der Hoffnung, daß Intererfahrung zwischen Menschen noch möglich ist. Psychotherapie besteht im Abtragen all dessen, was zwischen uns steht – der Stützen, Masken, Rollen, Lügen, Widerstände, Ängste, Projektionen und Introjektionen, kurz: aller Überhänge aus Vergangenheit, Übertragung und Gegenübertragung, die wir nach Gewohnheit und Übereinkunft, bewußt oder unbewußt, bei unseren Beziehungen in Zahlung geben. Diese Zahlungsmittel als Medien verstärken und intensivieren noch den Zustand der Entfremdung, durch den sie erst entstanden sind.

Es war der spezifische Beitrag der Psychoanalyse, diese Importationen, Überhänge und zwanghaften Wiederholungen ans Licht gebracht zu haben. Heute tendieren

1 Vom Standpunkt des Psychotherapeuten.

Psychoanalytiker und Psychotherapeuten dahin, sich nicht nur auf Übertragung zu konzentrieren, nicht nur auf das, was schon geschehen ist, sondern auf das, was noch nie geschehen ist – auf das Neue. So mag man in der Praxis Interpretationen zur Aufdeckung der Vergangenheit oder sogar von Vergangenheit-in-Gegenwart nur als einzige Taktik anwenden; in der Theorie gibt es Bemühungen, die Nicht-Übertragungs-Elemente in der Psychotherapie besser zu verstehen und in Worte zu fassen.

Der Therapeut kann es sich erlauben, spontan und unvorhersagbar zu handeln. Er kann aktiv darangehen, alte Erfahrungs- und Verhaltensmuster zu zerstören. Er kann aktiv neue in Kraft setzen. Man hört jetzt von Therapeuten, die Befehle erteilen, lachen, schreien, heulen und sich sogar vom geheiligten Stuhl erheben. Zen mit seiner Erleuchtung durch das Überraschende und Unerwartete gewinnt an Einfluß. Natürlich könnten solche Techniken verhängnisvoll sein in der Hand eines Menschen, der sich nicht ständig um den Patienten sorgt und ihn respektiert. Obwohl man einige generelle Regeln für diese Entwicklungen aufstellen kann, gehört die Praxis noch (und muß auch immer gehören) dem, der beides hat – ganz außergewöhnliche Autorität und die Fähigkeit zum Improvisieren.

Ich werde hier nicht all die verschiedenen Praktiken der Psychotherapie aufzählen – lange und kurze, knappe, intensive, erfahrungsbezogene, direkte und nicht-direkte; solche, die bewußtseins-erweiternde Drogen oder andere Hilfsmittel nutzbar machen, und solche, die sozusagen nur Personen benutzen. Ich möchte lieber auf die kritische Funktion der Theorie eingehen.

Die Wachstumslinien, die zentrifugal in alle Richtungen zu laufen scheinen, haben das Fehlen einer handfesten Primärtheorie verdeutlicht, welche jede Praxis und jede Theorie in Beziehung setzen kann zu den zentralen Problemen jeder Form von Psychotherapie. Im letzten Kapitel habe ich einige der fundamentalen Anforderungen an eine solche Theorie umrissen: Wir brauchen Begriffe, die sowohl Interaktion als auch Intererfahrung zweier Personen anzeigen und die uns die Relation zwischen der eigenen Erfahrung eines jeden und seinem Verhalten verstehen helfen im Kontext der Beziehungen beider zueinander. Umgekehrt müssen wir fähig sein, uns eine Vorstellung zu machen von diesen Beziehungen innerhalb des Kontexts relevanter sozialer *Systeme.* Ganz grundsätzlich wird von einer kritischen Theorie verlangt, daß sie allen Theorien und allen Praktiken innerhalb einer Gesamtsicht der ontologischen Struktur des Menschen ihren Platz zu geben vermag.

Welche Hilfe bieten uns die vorherrschenden Theorien zur Psychotherapie? Es wäre irreführend, wollte man hier die einzelnen Schulen scharf voneinander trennen. Innerhalb des Hauptstroms orthodoxer Psychoanalyse und sogar zwischen den verschiedenen Theorien über Objekt-Relationen in Großbritannien (Fairbairn, Winnicott, Melanie Klein, Bion) gibt es Differenzen nicht nur der Emphase nach; ähnlich steht es innerhalb der existenzanalytischen Schule oder Tradition (Binswanger, Boss, Caruso, Frankl). Das Idiom einer jeden Theorie könnte man im Denken zumindest einiger Anhänger einer jeden Schule nachweisen. Schlimmer noch, es gibt die merkwürdigsten Mischungen aus Lerntheorie, Ethologie, Systemtheorie, Kommunikationsanalyse, Informationstheorie, transaktionaler Analyse, interpersonalen Relationen, Objekt-Relationen, Spieltheorie usw. Freuds Entwicklung der Metapsychologie verwandelte den theoretischen Kontext, in dem wir jetzt arbeiten. Um den positiven Wert der Metapsychologie (in Sympathie) zu begreifen, müssen wir das intellektuelle Klima in Betracht ziehen, in dem sie zuerst entwickelt wurde. Andere haben darauf aufmerksam gemacht, daß sie ihren Impetus aus dem Versuch gewonnen hat, den Menschen als Objekt naturwissenschaftlicher Forschung zu sehen, um so der Psychoanalyse Anerkennung zu verschaffen als einem seriösen und respektablen Unterfangen. Ich glaube nicht, daß solcher Schutz notwendig ist oder jemals war. Wer in metapsychologischen Begriffen denkt, hat einen hohen Preis bezahlt.

Die Metapsychologie von Freud, Federn, Rapaport, Hartmann, Kris besitzt keine Konstrukte für irgendein soziales System, das von mehr als einer Person gleichzeitig gebildet wird. Metapsychologie hat keine Begriffe für soziale Erfahrungskollektive, personal geteilte oder ungeteilte. Diese Theorie hat keine Kategorie des ›Du‹, wie sie sich bei Feuerbach, Buber, Parsons findet. Sie hat keine Möglichkeit, die Begegnung eines ›Ich‹ mit ›dem anderen‹ und die Wirkung einer Person auf eine andere auszudrücken. Sie hat keinen Begriff von ›mir‹, außer als objektiviertem ›Ego‹. Das Ego ist Teil eines mentalen Apparates. Andere Teile des Systems sind interne Objekte. Ein anderes Ego ist Teil eines anderen Systems oder einer anderen Struktur. Wie zwei mentale Apparate, psychische Strukturen oder Systeme mit je eigener Konstellation an internen Objekten aufeinander bezo-

gen sein können, wird nicht untersucht. Innerhalb der von der Theorie angebotenen Konstrukte ist das geradezu unfaßbar. Projektion und Introjektion überbrükken nicht eo ipso die Lücke *zwischen* Personen.
Nur wenige halten heute wie die frühen Psychoanalytiker das Bewußte und das Unbewußte für zentral – für zwei konkrete Systeme, isoliert von der Totalität der Person, zusammengesetzt aus psychischer Materie und ausschließlich *intra*personal.
Zentral ist die Beziehung *zwischen Personen* in Theorie und in Praxis. Personen sind aufeinander bezogen durch ihre Erfahrung und durch ihr Verhalten. Theorien kann man danach beurteilen, wieviel Wert sie auf *Erfahrung* und auf *Verhalten* legen und inwieweit sie die Beziehung zwischen Erfahrung und Verhalten artikulieren können.
Die verschiedenen Schulen der Psychoanalyse und der Tiefenpsychologie haben wenigstens die entscheidende Bedeutung der Erfahrung des einzelnen für sein (oder ihr) Verhalten erkannt. Sie haben aber nicht geklärt, was Erfahrung *ist*, und das ist besonders evident in bezug auf ›das Unbewußte‹.
Manche Theorien befassen sich stärker mit Interaktionen oder Transaktionen zwischen den Leuten, ohne groß auf die Erfahrung der Agierenden einzugehen. Wie jede Theorie in die Irre führen kann, die sich nur auf die *Erfahrung* konzentriert und das Verhalten außer acht läßt, so geraten Theorien aus dem Gleichgewicht, die sich unter Außerachtlassung der Erfahrung nur auf das Verhalten konzentrieren.
Im Idiom der Spieltheorie haben Leute ein Repertoire an Spielen auf der Basis gelernter Interaktionen. Andere

mögen Spiele spielen, die genügend ineinandergreifen, um die Aufführung einer Vielzahl von mehr oder weniger stereotypen Dramen zu erlauben. Die Spiele haben Regeln – teils bekannte, teils geheime. Manche Leute spielen Spiele, welche die Spielregeln anderer Leute brechen. Manche spielen unerklärte Spiele und machen so ihr Vorgehen doppeldeutig oder geradezu unverständlich – außer für Experten in geheimen und unüblichen Spielen. Solche Leute – voraussichtliche Neurotiker oder Psychotiker – müssen sich vielleicht dem Zeremoniell einer psychiatrischen Konsultation unterziehen zwecks Diagnose, Prognose und Therapievorschlag. Die Behandlung würde darin bestehen, sie auf das Unbefriedigende ihrer Spiele aufmerksam zu machen und ihnen vielleicht neue Spiele beizubringen. Ein Mensch reagiert aus Verzweiflung mehr auf *Spiel* als auf schieren ›Objekt-Verlust‹, das heißt auf den Verlust seines Partners oder seiner Partner als realer Personen. Die Fortdauer des Spiels ist wichtig, nicht die Identität der Spieler.

Ein Vorzug dieses Idioms ist es, Personen zueinander in Beziehung zu setzen. Sein Fehler, das Verhalten einer Person nicht bezogen zu sehen auf das Verhalten einer anderen, hat zu großer Verwirrung geführt. In der Interaktionsreihe zwischen p und o $p_1 \rightarrow o_1 \rightarrow p_2 \rightarrow o_2 \rightarrow p_3 \rightarrow o_3$ usw. wird p's Wirkung p_1, p_2 auf p_3 aus dem Kontext gerissen und daraus eine Direktverbindung $p_1 \rightarrow p_2 \rightarrow p_3$ gemacht. Diese künstlich abgeleitete Reihe wird dann isoliert als Entität oder Prozeß untersucht, und es werden vielleicht Versuche zu ihrer ›Erklärung‹ (zur Findung der ›Ätiologie‹) unternommen durch genetisch-konstitutionelle Faktoren oder durch Begriffe intrapsychischer Pathologie.

Die Theorie der Objekt-Relationen versucht (wie Guntrip gezeigt hat) eine Synthese zwischen dem Intra- und dem Interpersonalen. Ihre Begriffe von internen und externen Objekten, geschlossenen und offenen Systemen sind immerhin etwas. Doch ist immer noch von Objekten und nicht von Personen die Rede. Objekte sind das Was, nicht das Wodurch der Erfahrung. Das Gehirn selbst ist Objekt der Erfahrung. Wir brauchen endlich eine Phänomenologie der Erfahrung unter Einschluß der sogenannten unbewußten Erfahrung, der Erfahrung in Beziehung zum Verhalten, der Person in Beziehung zur Person – ohne Isolierung, Verleugnung, Entpersonalisierung und Reifikation als fruchtlosen Versuchen, das Ganze am Teil zu erklären.

Transaktionen, Systeme, Spiele können vorkommen in elektronischen Systemen; sie können in und zwischen ihnen gespielt werden. Was ist spezifisch personal oder human? Personale Beziehung ist nicht nur Transaktion, sondern auch Transerfahrung und darin spezifisch human. Der Transaktion ohne Erfahrung fehlen die spezifisch personalen Konnotationen. Endokrine und retikuloendotheliale Systeme transagieren. Sie sind keine Personen. Wenn man dem Menschen mit Hilfe von Analogien näherzukommen versucht, besteht die große Gefahr, daß Analogie zur Homologie wird.
Warum tendieren fast alle Theorien über Entpersonalisierung, Reifikation, Isolierung und Verleugnung dazu, selbst die Symptome aufzuweisen, die sie zu beschreiben versuchen? Man beläßt uns Transaktionen – aber wo ist das Individuum? . . . das Individuum – aber wo ist der andere? . . . Verhaltensmuster – aber wo ist die Erfah-

rung? ... Information und Kommunikation – aber wo sind Pathos und Sympathie, Leid und Mitleid?

Verhaltenstherapie ist das extreme Beispiel solch schizoider Theorie und Praxis. Gedacht und gehandelt wird nur im Hinblick auf den anderen ohne Bezug auf das Selbst des Therapeuten oder des Patienten; nur das Verhalten spielt eine Rolle, nicht die Erfahrung, und Objekte sind wichtiger als Personen. Verhaltenstherapie ist also unvermeidlich eine Technik der Nicht-Begegnung, der Manipulation und der Kontrolle.

Psychotherapie muß *der obstinate Versuch zweier Menschen bleiben, die Ganzheit der Existenz durch ihre Relationen zueinander wiederherzustellen.*

Jede Technik, die sich mit dem anderen ohne sein Selbst befaßt, mit Verhalten unter Ausschluß der Erfahrung, mit Beziehung unter Vernachlässigung der in Beziehung stehenden Personen, mit Individuen unter Ausschluß ihrer Beziehungen und vor allem mit zu ändernden Objekten statt mit zu akzeptierenden Personen – jede Technik dieser Art verewigt einfach die Krankheit, die sie zu kurieren vorgibt.

Jede *Theorie*, die nicht vom Menschen ausgeht, ist Lüge und Betrug an ihm. Eine inhumane Theorie wird unvermeidlich zu inhumanen Konsequenzen führen, wenn der Therapeut konsequent ist. Glücklicherweise haben viele Therapeuten die Gabe der Inkonsequenz. Mag uns das auch teuer sein, ist es doch nicht als ideal anzusehen.

Wir haben es weder mit Interaktionen zweier Objekte noch mit deren Transaktionen innerhalb eines dyadischen Systems zu tun. Wir haben es auch nicht zu tun mit Kommunikationsmodellen in einem System von zwei komputer-ähnlichen Subsystemen, die Input empfangen

und verarbeiten und nach draußen Signale entsenden. Wir haben es zu tun mit zwei Quellen von Erfahrung in Relation.
Verhalten kann Erfahrung verbergen oder enthüllen. Ich habe ein ganzes Buch[2] der Beschreibung von Versionen der Isolierung gewidmet, die zwischen Erfahrung und Verhalten besteht. Erfahrung und Verhalten sind selbst vielfach gestückelt. Das ist so, auch wenn enorme Anstrengungen unternommen werden, ein Furnier von Konsistenz über die Risse zu kleben.
Psychotherapeuten sind Spezialisten für menschliche Beziehungen. Aber das Schreckliche ist schon Ereignis. Es hat sich ereignet für uns alle. Auch die Therapeuten leben in einer Welt, in welcher das Innere schon vom Äußeren isoliert ist. Innen wird nicht Außen und Außen wird nicht Innen bloß durch die Wiederentdeckung der ›inneren‹ Welt. Dies ist erst der Anfang. Unsere Generation ist der inneren Welt so weit entfremdet, daß viele Leute behaupten, sie existiere gar nicht, und wenn sie existiere, mache es auch nichts. Selbst wenn sie einige Signifikanz habe, sei sie nicht vom harten Stoff der Wissenschaft. Wenn sie nicht davon ist, dann machen wir sie eben hart! Wir wollen sie vermessen und berechnen! Quantifizieren wir Angst und Ekstase in einer Welt, in der wir uns beraubt und verlassen vorkommen müssen, wenn die innere Welt erst entdeckt ist! Denn ohne das Innere verliert das Äußere seine Bedeutung, und ohne das Äußere verliert das Innere seine Substanz.
Wir müssen über Relation und Kommunikation Bescheid wissen. Doch die verworrenen und verwirrenden Kom-

2 *The Divided Self*, London 1960, 2. Aufl. 1965.

munikationsmodelle reflektieren das Durcheinander in personalen Erfahrungswelten, auf deren Verdrängung, Verleugnung, Isolierung, Introjektion, Projektion usw., auf deren allgmeiner Entwicklung unsere Kultur beruht.

Wenn unsere personalen Welten wiederentdeckt werden und sich wieder entfalten dürfen, entdecken wir zuerst ein Schlachtfeld: Halbtote Körper; Genitalien dissoziiert vom Herzen; das Herz getrennt vom Kopf; Köpfe dissoziiert von Genitalien. Ohne innere Einheit, mit gerade genug Kontinuitätsgefühl, um nach Identität zu schnappen – die übliche Idolatrie. Körper, Geist, Seele von inneren Widersprüchen zerrissen, in verschiedene Richtungen gezerrt: ›der Mensch‹, abgeschnitten vom eigenen Geist, abgeschnitten ebenso vom eigenen Körper – halbtolle Kreatur in verrückter Welt.

Wenn das Schreckliche schon Ereignis ist, können wir kaum etwas anderes erwarten, als daß dies ›Ding‹ nach außen die Zerstörung weitergeben wird, die im Innern schon angerichtet ist.

Wir sind alle betroffen von diesem Stand der Entfremdung. Das ist entscheidend für die gesamte Praxis der Psychotherapie.

Psychotherapeutische Beziehung ist ein Wieder-Suchen, ein ständig wieder neues und notwendiges Suchen nach allem, was wir verloren haben und was vielleicht einige Leute besser verschmerzen können als andere – wie einige Leute Sauerstoffmangel besser ertragen können als andere. *Dieses Wieder-Suchen wird bestätigt durch die geteilte Erfahrung von der in und durch therapeutische Beziehung hier und jetzt wiedergewonnenen Erfahrung.*

Sicherlich gibt es beim Unterfangen der Psychotherapie Gesetzmäßigkeiten und sogar institutionelle Strukturen, die Sequenz, Rhythmus und Tempo der als Prozeß gesehenen therapeutischen Situation durchziehen; sie können und sollten mit wissenschaftlicher Objektivität untersucht werden. Doch die wirklich entscheidenden Momente in der Psychotherapie sind – wie jeder Patient oder Therapeut weiß, der sie je erfahren hat – nicht vorhersagbar, einmalig, unvergeßlich, niemals wiederholbar und oft unbeschreibbar. Bedeutet dies, daß Psychotherapie ein pseudo-esoterischer Kult sein muß? Nein. Wir dürfen nicht aufhören, uns durch unsere Konfusion hindurchzukämpfen. Erfahrung bringt unsere Theorien ständig zum Schmelzen, formt sie um. Denken offeriert keine Sicherheit. Es meint niemanden – außer dich und mich. Es findet seine Bestätigung, wenn wir über den Abgrund unserer Idiome und Stile, unserer Fehler, Irrtümer und Bosheiten hinweg in der Kommunikation des anderen Erfahrung von Relationen angelegt, verloren, zerstört oder wiedergewonnen finden. Wir hoffen, die Erfahrung von Relationen zu teilen; doch mag sein, einzig redlich ist es, die Erfahrung ihres Fehlens zu teilen – am Anfang oder auch am Ende.

III. Mystifikation der Erfahrung

Es reicht nicht, die eigene und anderer Leute Erfahrung zu zerstören. Man muß diese Verwüstung durch ein falsches Bewußtsein überlagern, das (nach Marcuse) an seine eigene Falschheit gewöhnt ist.

Ausbeutung darf nicht als solche gesehen werden. Sie muß als Wohltat gesehen werden. Verfolgung sollte besser nicht als Erfindung einer paranoiden Vorstellung abgewertet, sie sollte als Freundlichkeit erfahren werden. Marx beschrieb Mystifikation und zeigte ihre Funktion zu seiner Zeit. Orwells Zeit ist bereits um uns. Kolonialherren täuschen nicht nur die Eingeborenen, was Fanon deutlich zeigt[1]; sie müssen sich auch selbst täuschen. Wir in Europa und Nordamerika sind die Kolonialherren. Um unser wunderbares Bild von uns als Gottes Geschenk an die große Mehrheit der hungernden Spezies Mensch aufrechtzuerhalten, müssen wir unsere Gewalt nach innen richten auf uns und unsere Kinder; wir müssen die Rhetorik der Moral zu Hilfe nehmen, um diesen Prozeß zu beschreiben.

Für eine Rationalisierung unseres kriegs-industriellen Komplexes müssen wir unsere Fähigkeit zerstören, zu sehen, was unter unserer Nase geschieht, und uns vorzustellen, was jenseits unserer Nasenspitze beginnt. Lange vor Ausbruch eines thermonuklearen Krieges haben wir unseren eigenen Verstand verwüsten müssen. Wir fan-

1 Frantz Fanon, *Die Verdammten dieser Erde*, Frankfurt/Main 1965; siehe auch: Frantz Fanon, *Aspekte der Algerischen Revolution*, Frankfurt/Main 1969.

gen bei den Kindern an. Man muß sie rechtzeitig erwischen. Ohne eine sorgfältige und schnelle Gehirnwäsche würde ihr schmutziger Geist unsere schmutzigen Tricks durchschauen. Kinder sind noch keine Narren; wir werden sie jedoch zu uns ähnlichen Imbezilen machen – mit hohen Intelligenzquotienten, falls möglich.

Vom Augenblick der Geburt an, wenn das Steinzeit-Baby sich der Mutter des 20. Jahrhunderts gegenübersieht, ist es jenen Kräften der Gewalt unterworfen, die man Liebe nennt – wie sein Vater und seine Mutter, wie ihre Eltern und deren Eltern vor ihnen. Diese Kräfte zielen vor allem auf die Zerstörung seiner meisten Anlagen. Im allgemeinen verläuft das Unternehmen erfolgreich. Mit Fünfzehn ist daraus ein Wesen wie wir entstanden – eine halbtolle Kreatur, mehr oder weniger angepaßt an eine verrückte Welt. Das ist die Normalität in unserer Zeit.

Liebe und Gewalt sind polare Gegensätze. Liebe läßt den anderen sein – mit Zuneigung und Rücksicht. Gewalt versucht, des anderen Freiheit einzuschränken und ihn zu zwingen, nach unseren Wünschen zu agieren – ohne jede Rücksicht und in Gleichgültigkeit gegenüber der Bestimmung des anderen.

Wir zerstören uns selbst durch Gewalt, die sich als Liebe maskiert.

Ich bin Spezialist für Vorgänge im inneren Raum und in der inneren Zeit, für Erfahrungen, die man Gedanken nennt, Bilder, Erinnerungen, Träume, Visionen, Halluzinationen, Träume von Erinnerungen, Erinnerungen an Träume, Erinnerungen an Visionen, Träume von Halluzinationen, Brechungen der Brechungen der Brechungen jenes ursprünglichen Alpha und Omega von

Erfahrung und Realität – jener ›Realität‹, auf deren Verdrängung, Verleugnung, Isolierung, Projektion, Verfälschung unsere Kultur soviel wie auf sonst irgend etwas basiert.

Wir brauchen unseren Verstand genauso zum Leben wie unseren Körper.

Da ich mich mit dieser inneren Welt befasse und tagein tagaus ihre Verwüstung beobachte, frage ich nach dem Warum.

Eine Teilantwort wurde schon im ersten Kapitel vorgeschlagen: Wir können vorgehen gegen unsere *Erfahrung* von uns selbst, von anderen und von der Welt, und wir können einwirken auf die Welt durch unser Verhalten selbst. Besonders diese Verwüstung ist weitgehend ein Werk der *Gewalt*, die an jedem von uns und von jedem von uns an uns selbst begangen worden ist. Ein Großteil dieser Gewalt läuft gewöhnlich unter der Bezeichnung *Liebe*.

Wir handeln gegen unsere Erfahrung auf Geheiß der anderen, wie wir uns auch in Übereinstimmung mit ihnen zu verhalten lernen. Man bringt uns bei, was wir zu erfahren haben und was nicht, wie man uns auch beibringt, welche Bewegungen wir zu machen und welche Laute wir von uns zu geben haben. Ein zweijähriges Kind bewegt sich bereits moralisch, spricht moralisch und erfährt moralisch. Es bewegt sich bereits ›richtig‹, macht die ›richtigen‹ Geräusche und weiß, was es fühlen soll und was nicht. Seine Bewegungen sind stereometrische Typen geworden, an deren Rhythmus und Stil der Anthropologe nationale und sogar regionale Charakteristika feststellen kann. Wie man dem Kind aus der Vielzahl möglicher Bewegungen beibringt, sich in bestimmter Weise zu bewegen, so bringt man ihm auch das Erfahren aus der Vielzahl möglicher Erfahrungen bei.

Die gegenwärtige Sozialwissenschaft verstärkt meist die Mystifikation. Gewalt kann man nicht sehen durch die Brille des Positivismus.

Eine Frau stopft durch einen Trichter Futter in den Hals einer Gans. Ist dies die Beschreibung von Grausamkeit an einem Tier? Die Frau bestreitet jeglichen Grund oder Vorsatz von Grausamkeit. Wenn wir diese Szene ›objektiv‹ beschreiben wollten, würden wir sie nur dessen entkleiden, was ›objektiv‹ (oder besser: ontologisch) in der Situation präsent ist. Jede Beschreibung setzt unsere ontologischen Prämissen voraus – zur Natur des Menschen, der Tiere und der Beziehungen zwischen ihnen.

Wenn ein Tier zum bearbeiteten Produktionsstück entwürdigt wird, zu einer Art biochemischem Komplex, so daß sein Fleisch und seine Organe einfach Material sind, das (wenn man darauf kaut) eine bestimmte Textur (weich, zart, zäh), einen Geschmack, vielleicht einen Geruch hat – dann bedeutet eine *positivistische* Beschreibung des Tieres in solchen Begriffen eine Selbstentwürdigung durch Entwürdigung des Seienden selbst. Eine positivistische Beschreibung ist nicht ›neutral‹ oder ›objektiv‹. Im Falle der Gans als Rohmaterial für eine Pastete kann man nur eine negativistische Beschreibung geben, falls die Beschreibung weiterhin von einer gültigen Ontologie gestützt werden soll; das heißt, die Beschreibung bewegt sich im Lichte dessen, wovon diese Tätigkeit eine Brutalisierung und Entwürdigung ist – nämlich der wahren Natur von Mensch und Tier.

Die Beschreibung muß *im Lichte* der Tatsache gesehen

werden, daß die Menschen so brutal, banal und dumm geworden sind, ihre eigene Entwürdigung nicht zu erkennen. Das bedeutet nicht, daß ›neutraler‹ Beschreibung bestimmte Werturteile auferlegt sind, die jeden ernst zu nehmenden ›objektiven‹ Wert verloren haben. ›Subjektiv‹ geht alles. Politische Ideologien andererseits sind durchsetzt mit unerkannten Werturteilen, die keinen ontologischen Wert haben. Pedanten lehren die Jugend, solche Wertfragen seien nicht beantwortbar, nicht prüfbar, nicht verifizierbar, sie seien überhaupt keine Fragen, oder das, was wir fordern, seien Metafragen. Währenddessen nimmt der Krieg in Vietnam seinen Fortgang.

Im Zeichen der Entfremdung unterliegt jeder Aspekt menschlicher Realität der Verfälschung. Eine positivistische Beschreibung kann nur die Entfremdung fortsetzen, die sie selbst nicht beschreiben kann; sie vertieft sie, sie verhüllt und maskiert sie noch mehr.

Wir müssen deshalb einen Positivismus zurückweisen, der seine ›Zuverlässigkeit‹ gewinnt aus der erfolgreichen Maskierung dessen, was ist und was nicht ist – aus einer Serialisation der Welt des Beobachters, Gegebenheiten in *capta* verdrehend, die man *für gegeben nimmt.* Das theoretische und deskriptive Idiom sozialwissenschaftlicher Forschung gibt sich oft den Anschein ›objektiver‹ Neutralität. Wir haben jedoch gesehen, wie trügerisch das sein kann. Die Wahl von Syntax und Vokabular ist ein politischer Akt; er definiert und umschreibt, wie ›Fakten‹ erfahren werden sollen. In einem gewissen Sinne schafft er sogar erst die Fakten, die untersucht werden.

Die ›data‹ (Gegebenheiten) der Forschung sind weniger

gegeben als genommen aus einer schwer faßbaren Matrix von Ereignissen. Wir sollten besser von *capta* statt von data sprechen. Das quantitativ austauschbare Zeug, das durch die Mühle von Prüfung und Bewertung läuft, ist Ausdruck unseres Prozessierens *mit* der Realität, nicht Ausdruck von Prozessen *der* Realität.

Naturwissenschaftliche Forschung richtet sich auf Objekte, Dinge, Modelle von Beziehungen zwischen Dingen oder auf die Systematik von ›Ereignissen‹. Personen unterscheiden sich dadurch von Dingen, daß sie die Welt erfahren, während Dinge sich in der Welt verhalten. Dingliche Ereignisse erfahren nicht. Personale Ereignisse erfahren. Naturwissenschaftlichkeit ist der Irrtum, Personen in Dinge zu verwandeln durch einen Prozeß der Reifikation, der selbst nicht Teil der wahrhaft naturwissenschaftlichen Methode ist. So gewonnene Ergebnisse müssen de-quantifiziert und de-reifiziert werden, bevor sie re-assimiliert werden können in die Diskussion der Menschen.

Der Irrtum liegt grundsätzlich darin, daß man die ontologische Diskontinuität zwischen Menschen und Dingen nicht realisiert.

Menschen sind nicht einfach äußerlich aufeinander bezogen wie zwei Billardkugeln, sondern durch die Beziehungen zweier Erfahrungswelten, die ins Spiel kommen, wenn zwei Menschen einander begegnen. Wenn Menschen nicht als Menschen betrachtet werden, dann ist das abermals Gewalt und Mystifikation.

In einem Großteil der Gegenwartsliteratur über Individuum und Familie wird angenommen, daß es ein recht glückliches Zusammentreffen, um nicht zu sagen eine prästabilierte Harmonie von Natur und Erziehung gibt.

Es mag von beiden Seiten Anpassung geben; doch alles wirkt zusammen zugunsten derjenigen, die nur Sekurität und Identität wollen.

Fort ist jeder Sinn für Tragödie und Leidenschaft. Fort ist die Sprache von Freude, Lust, Leidenschaft, Sex und Gewalt. Es herrscht die Sprache der Amtsstuben – keine irrtümlichen Szenen mehr, sondern elterliche Verbindungen; keine Verdrängung sexueller Bindungen an die Eltern mehr, sondern das Kind ›begibt sich‹ seiner Ödipus-Wünsche. Ein Beispiel: »Die Mutter kann all ihre Energie in die Sorge um das Kleinkind investieren, wenn ökonomischer Unterhalt, Status und Schutz der Familie vom Vater geleistet werden. Auch kann sie sich gegenüber dem Kind besser auf die mütterlichen Gefühle beschränken, wenn ihre weiblichen Bedürfnisse von ihrem Mann befriedigt werden.«[2]

Hier gibt es kein ungehöriges Gerede über Beischlaf oder ›urtümliche Szenen‹. Die ökonomische Metapher ist angebracht. Die Mutter ›investiert‹ in ihr Kind. Noch enthüllender ist die Funktion des Mannes – das Leisten von ökonomischem Unterhalt, Status und Schutz (in dieser Reihenfolge).

Es wird häufig Bezug genommen auf Sekurität, auf Achtung durch andere. Es wird angenommen, daß man ›aus der Achtung und Zuneigung anderer Lust gewinnen‹ will und dafür lebt.[3] Andernfalls ist man ein Psychopath.

In gewissem Sinne sind solche Behauptungen richtig. Sie beschreiben die verängstigte, eingeschüchterte, unterwürfige Kreatur, die zu sein wir ermahnt werden, wenn wir

2 T. Lidz, *The Family and Human Adaptation*, London 1964, S. 54.
3 A.a.O., S. 34.

normal sein sollen – mit dem Angebot gegenseitigen Schutzes vor unserer eigenen Gewalt: die Familie als ›Schutz-Bande‹.
Hinter dieser Sprache verbirgt sich der Terror, der hinter aller Schulterklopferei steckt, hinter dem Geben und Nehmen von Achtung, Status, Unterhalt, Schutz und Sekurität. Unter der glatten Urbanität zeigen sich schon die Risse.
In unserer Welt sind wir »brennende Opfer auf dem Scheiterhaufen, die durch die Flammen hindurch Signale geben«. Doch für Lidz und andere läuft alles glatt weiter. »Leben in unserer Zeit erfordert Anpassungsfähigkeit.« Auch fordern wir »die Nutzung des Intellekts« und »ein emotionales Gleichgewicht, das einer Person Geschmeidigkeit erlaubt und Anpassung ohne Angst vor Identitätsverlust im Wandel. Erforderlich sind ein Trauen auf andere und ein Zutrauen in die Integrität des Selbst.«[4] Manchmal gibt es Lichtblicke größerer Ehrlichkeit – beispielsweise wenn wir »eher die Gesellschaft als das Individuum in Betracht ziehen; jede Gesellschaft hat ein vitales Interesse an der *Indoktrination* der Kinder, die ihre neuen Rekruten bilden.«[5]
Was solche Autoren schreiben, mag ironisch gemeint sein; der Augenschein freilich spricht nicht dafür.
Anpassung an was? An die Gesellschaft? An eine verrückt gewordene Welt?
Funktion der Familie ist es, den Eros zu verdrängen, ein falsches Sekuritätsbewußtsein zu induzieren, den Tod zu leugnen durch Meidung des Lebens, die Transzendenz abzutrennen, an Gott zu glauben und nicht die

4 A.a.O., S. 28 f.
5 A.a.O., S. 19.

›Leere‹ zu erfahren – kurz: den eindimensionalen Menschen zu schaffen, Respekt, Konformität und Gehorsam zu fordern, Kinder aus dem Spiel zu ziehen, Angst vor dem Versagen zu induzieren, Respekt vor der Arbeit zu fördern sowie Respekt vor der ›Respektabilität‹.

Ich möchte hier zwei Alternativ-Ansichten zu Familie und menschlicher Anpassung anfügen: »Die Menschen werden nicht das, wozu sie von der Natur bestimmt sind, sondern das, wozu die Gesellschaft sie macht. [...] edle Gefühle [...] schrumpfen gleichsam, vertrocknen, werden gewaltsam verdreht und amputiert, um uns für den Verkehr mit der Welt fit zu machen – wie Bettler ihre Kinder entstellen und verstümmeln, um sie für ihr zukünftiges Leben fit zu machen.«[6] Und: »Die Welt scheint in der Tat noch von Wilden bewohnt zu sein, die einfältig genug sind, in ihren neugeborenen Kindern die Ahnen reinkarniert zu sehen. Waffen und Juwelen des Toten werden dem Kind unter die Nase gehalten; wenn es eine Bewegung macht, erhebt sich großes Geschrei – Großvater ist ins Leben zurückgekehrt. Der ›alte Mann‹ wird saugen, sein Lager beschmutzen und den Namen der Ahnen tragen. Überlebende seiner alten Generation werden sich freuen, ihren Jagd- und Kampfgefährten seine winzigen Glieder strecken zu sehen und ihn schreien zu hören. Sobald er sprechen kann, werden sie ihm das Gedächtnis des Verstorbenen einimpfen. Ein scharfes Training wird seinen früheren Charakter ›wiederherstellen‹; sie werden ihn daran erinnern, daß ›er‹ zornig, grausam oder großzügig war, und er wird davon überzeugt sein trotz gegenteiliger Erfahrung. Welch eine

6 E. Colby (Hg.), *The Life of Thomas Holcroft*; fortgeführt von William Hazlitt, London 1925, Bd. II, S. 82.

Barbarei! Nimm ein lebendiges Kind und nähe es in die Haut eines Toten – es wird ersticken an solch seniler Kindheit! Seine einzige Beschäftigung besteht im Reproduzieren onkelhafter Gesten und seine einzige Hoffnung im Vergiften künftiger Kindheit nach dem eigenen Tode. Kein Wunder, wenn das Kind von sich mit äußerster Vorsicht spricht, fast flüsternd und oft in der dritten Person! Die jämmerliche Kreatur weiß recht wohl, daß sie ihr eigener Großvater ist. Rückständige Ureinwohner dieser Art findet man auf den Fidschi-Inseln, auf Tahiti, in Neu-Guinea, in Wien, Paris, Rom, New York – wo der Mensch lebt. Sie werden Eltern genannt. Lange vor unserer Geburt und sogar noch bevor wir empfangen wurden, haben unsere Eltern beschlossen, wer wir sein werden.«[7]

Manche Leute sind der Ansicht, Wissenschaft sei neutral und all dies eine Wertfrage.

Lidz bezeichnet Schizophrenie als Versagen menschlicher Anpassung. Auch das ist ein Werturteil. Oder will jemand behaupten, dies sei ein objektiver Tatbestand? Nun gut, bezeichnen wir Schizophrenie als erfolgreichen Versuch, sich nicht der sozialen Pseudo-Realität anzupassen. Ist das auch ein objektiver Tatbestand? Schizophrenie ist das Versagen der Ego-Funktion. Ist das eine neutralistische Definition? Doch wer oder was ist das ›Ego‹? Um wieder auf das Ego, auf seinen engen Bezug zur wirklichen Realität zu stoßen, müssen wir es desegregieren, de-depersonalisieren, de-extrapolieren, deabstrahieren, de-objektivieren, de-reifizieren; dann stoßen wir wieder auf dich und auf mich, auf die jeweiligen Idiome und Stile unserer Beziehungen zueinander im

7 J.-P. Sartre, *Vorwort zu ›Der Verräter‹* von André Gorz.

sozialen Kontext. Das Ego ist per definitionem ein Instrument der Anpassung. Damit sind wir wieder bei all den Behauptungen, die dieser angebliche Neutralismus als bewiesen unterstellt. Schizophrenie ist erfolgreiche Vermeidung ego-typischer Anpassung? Schizophrenie ist ein Etikett, mit dem einige Leute andere Leute in Situationen versehen, wo eine interpersonale Trennung besonderer Art zum Vorschein kommt. Näher kommt man im Moment nicht an so etwas wie eine ›objektive‹ Aussage heran – eine so genannte.

Die Familie vor allem ist das gebräuchliche Instrument für das, was man Sozialisation nennt: jeden neuen Rekruten für die menschliche Rasse zur substantiell gleichen Art des Verhaltens und Erfahrens zu bringen wie jene, die bereits soweit sind. Wir alle sind gefallene ›Söhne der Propheten‹ und haben gelernt, zu sterben im Geiste und aufzuerstehen im Fleische. Dies ist auch bekannt als Verkauf des Geburtsrechtes gegen ein Linsengericht. Hier ein paar Beispiele von Jules Henry, einem amerikanischen Professor für Anthropologie und Soziologie, aus seiner Studie über das amerikanische Schulsystem: »Die Beobachterin betritt das Klassenzimmer der fünften Klasse. Der Lehrer sagt: ›Wer von euch netten, höflichen Jungen möchte (der Beobachterin) den Mantel abnehmen und ihn aufhängen?‹ Nach dem Winken ihrer Hände könnte es scheinen, als ob sich jeder diese Ehre sichern möchte. Der Lehrer bestimmt ein Kind, und dieses nimmt der Beobachterin den Mantel ab. [...] Der Lehrer bestritt den Rechenunterricht hauptsächlich mit der Frage: ›Wer möchte uns die Lösung der nächsten Aufgabe sagen?‹ Dieser Frage folgte der übliche aufgeregte Wald von Händen im offensichtlich großen

Wettstreit um die Antwort. Uns fällt hier die Präzision auf, mit welcher der Lehrer das Potential der Jungen zu richtigem sozialen Verhalten mobilisieren konnte, und die Geschwindigkeit, mit der sie reagierten. Die große Anzahl winkender Hände beweist, daß die meisten Jungen schon der Absurdität verfallen sind. Doch sie haben keine Wahl. Was wäre, wenn sie teilnahmslos dasitzen würden? Ein geschickter Lehrer schafft viele Situationen, in denen *negative Einstellung nur als Verrat ausgelegt werden kann.* Die Funktion von Fragen wie: ›Wer von euch netten, höflichen Jungen möchte (der Beobachterin) den Mantel abnehmen und ihn aufhängen?‹ besteht darin, die Kinder blind zu machen für Absurdität und sie zur Anerkennung dessen zu zwingen, daß Absurdität Existenz bedeutet und es überhaupt besser ist, absurd zu existieren als gar nicht. Der Leser wird beobachtet haben, daß die Frage nicht lautet: ›Wer *kennt* die Lösung der nächsten Aufgabe?‹, sondern: ›Wer *möchte sie uns sagen?*‹ Was in unserer Kultur einmal als Herausforderung an mathematische Kenntnisse galt, wird Einladung zur Gruppenteilnahme. Der wesentliche Punkt ist, *daß alles nur ist, wozu es von der Alchimie des Systems gemacht wird.* In einer Gesellschaft, in welcher der Wettbewerb um die kulturellen Basisgüter Angelpunkt des Handelns ist, kann man den Leuten nicht beibringen, einander zu lieben. Deshalb muß unsere Schule die Kinder das Hassen lehren, ohne daß dies deutlich wird; denn unsere Kultur kann den Gedanken nicht tolerieren, daß Babies sich hassen sollten. Wie wird die Schule dieser Ambiguität gerecht?«[8]
Ein weiteres Beispiel Henrys: »Boris hatte Schwierig-

8 J. Henry, *Culture Against Man*, New York 1963, S. 293.

keiten beim Kürzen von $^{12}/_{16}$ auf den kleinsten Nenner; er kam nur bis $^{6}/_{8}$. Die Lehrerin fragte ihn ruhig, ob das nicht noch weiter zu kürzen sei. Sie ermahnte ihn zum ›Nachdenken‹. Großes Auf und Ab und Händewinken bei den anderen Kindern; alle wild darauf, ihn zu korrigieren. Boris ziemlich unglücklich, vermutlich mental paralysiert. Die Lehrerin ruhig und geduldig, ignoriert die anderen und konzentriert sich mit Blick und Stimme auf Boris. Nach einer oder zwei Minuten wendet sie sich an die Klasse und sagt: ›Nun, wer kann Boris sagen, wie die Zahl heißt?‹ Ein Wald von Händen erhebt sich; die Lehrerin ruft Peggy auf. Peggy sagt, daß Zähler und Nenner durch vier dividiert werden können.«[9]

Henry kommentiert das so: »Boris' Versagen gab Peggy die Möglichkeit zum Erfolg; sein Mißgeschick ist Anlaß ihrer Freude. Dies ist eine Standardbedingung unserer amerikanischen Elementarschule. Einem Zuni-, Hopi- oder Dakota-Indianer würde Peggys Benehmen unglaublich grausam vorkommen; denn Wettbewerb als Erfolgsgewinn aus dem Versagen anderer ist eine Form der Folter, die wettbewerbsfreien Kulturen fremd ist. Von Boris' Standpunkt aus war der Alptraum an der Tafel vielleicht eine Lektion in Selbstkontrolle, um nicht schreiend aus dem Zimmer zu laufen unter allgemeinem starken Druck. Solche Erfahrung zwingt jeden in unserer Kultur Aufgewachsenen immer und immer wieder, nachtein nachtaus und selbst auf dem Höhepunkt des Erfolgs, zum Träumen – nicht vom Erfolg, sondern vom Versagen. In der Schule wird der externe Alptraum internalisiert fürs Leben. Boris lernte nicht nur Rechnen; er lernte *auch den essentiellen Alptraum. Um in unserer*

9 A.a.O., S. 27.

Kultur erfolgreich zu sein, muß man lernen, vom Versagen zu träumen.«[10]

Henry behauptet, Erziehung sei in praxi noch nie Instrument zur Befreiung von Seele und Geist, sondern stets zu deren Fesselung gewesen. Wir glauben, kreative Kinder haben zu wollen; doch was wollen wir von ihnen kreiert haben? »Wenn man die Jugend in der Schule dazu provozieren würde, die Zehn Gebote in Frage zu stellen, die Heiligkeit der Offenbarungsreligion, die Grundlagen des Patriotismus, das Profitstreben, das Zweiparteiensystem, die Monogamie, die Inzest-Gesetze und so weiter [...]«[11], [...] dann gäbe es eine solche Kreativität, daß die Gesellschaft nicht wüßte, wohin damit.

Kinder geben nicht leicht ihre angeborene Vorstellungskraft, Neugier und Verträumtheit auf. Man muß sie lieben, um sie dazu zu bringen. Liebe ist der Weg durch Zugeständnisse zur Disziplin – und durch Disziplin nur allzu oft zum Selbstverrat.

Die Schule muß die Kinder dazu bringen, so denken zu wollen, wie die Schule will, daß sie denken. Was wir in den Kindergärten und Frühschuljahren Amerikas sehen, schreibt Henry, »ist die erschütternde Kapitulation von Babies«.

Es ist die schwierigste Sache der Welt, so etwas in unserer eigenen Kultur zu sehen.

In einer Londoner Klasse von Zehnjährigen wurde den Mädchen die Wettbewerbs-Aufgabe gestellt, Kuchen zu backen; die Jungen sollten Gutachter sein. Ein Mädchen gewann. Da plauderte ihr ›Freund‹ aus, sie habe ihren

10 A.a.O., S. 295 f.
11 A.a.O., S. 288.

Kuchen gekauft, anstatt ihn selbst zu backen. Sie wurde vor der ganzen Klasse ausgeschimpft. Kommentar:

1. Die Schule führt hier die Kinder in sex-bezogene Rollen ganz besonderer Art ein.

2. Ich persönlich halte es für obszön, wenn Mädchen beigebracht wird, ihr Status hänge vom Wohlgeschmack ab, den sie im Munde von Jungen produzieren können.

3. Ethische Werte werden ins Spiel gebracht bei einer Situation, die höchstens ein schlechter Witz ist. Wer als Kind von Erwachsenen zu solchen Spielen gezwungen wird, tut gut daran, einfach mitzuspielen, ohne sich erwischen zu lassen. Am meisten bewundere ich das Mädchen, das gewonnen hat; ich hoffe nur, daß sie sich in Zukunft ihre ›Freunde‹ besser aussuchen wird.

Was Henry für amerikanische Schulen beschreibt, ist eine Strategie, die ich selbst häufig in britischen Familien beobachtet habe, welche von meinen Kollegen und mir untersucht wurden.

Die Doppelaktion, uns selbst zu zerstören und das noch Liebe zu nennen, ist ein Taschenspielertrick, über den man staunen kann. Menschen scheinen eine fast unbegrenzte Fähigkeit zur Selbsttäuschung zu haben – zur Selbsttäuschung, die eigenen Lügen für Wahrheit zu halten. Durch solche Mystifikation erreichen und erhalten wir unsere Anpassung, Adaptation und Sozialisation. Doch das Ergebnis solcher Anpassung an unsere Gesellschaft – nachdem wir um unseren Geist betrogen wurden und uns selbst darum betrogen haben, um unsere eigene persönliche Erfahrungswelt, um jene einzigartige Bedeutung, die wir potentiell der externen Welt geben könnten – das Ergebnis solcher Anpassung ist, daß wir damit der Illusion verfallen sind, wir seien einsame ›hautverkapselte Egos‹. Nachdem wir gleichzeitig unser *Selbst* verloren und die Illusion entwickelt haben, wir seien autonome *Egos*, erwartet man von uns, daß wir uns in innerem Konsensus äußeren Zwängen fügen bis zu einem fast unglaublichen Ausmaß.

Wir leben nicht in einer Welt unzweideutiger Identitäten und Definitionen, Bedürfnisse und Ängste, Hoffnungen, Desillusionen. Die ungeheuren sozialen Realitäten unserer Zeit sind Geister, Gespenster ermordeter Götter und unserer Humanität – zurückgekehrt zu Spuk und unserer Vernichtung: Neger, Juden, Rote. *Sie.* Einfach du und ich, anders zurechtgemacht. Das strukturelle Gewebe solcher sozial geteilten Halluzinationen nennen wir Realität, und unsere abgekartete Verrücktheit nennen wir geistige Gesundheit.

Niemand sollte meinen, diese Verrücktheit existiere nur irgendwo am Nacht- oder Taghimmel, wo unsere Todesvögel in der Stratosphäre kreisen. Sie existiert in den Ritzen unserer intimsten und persönlichsten Momente.

Wir alle wurden auf Prokrustesbetten behandelt. Wenigstens haben es einige von uns fertiggebracht, zu hassen, was man aus uns gemacht hat. Unweigerlich sehen wir den anderen als Reflexion der Ursache unserer eigenen Selbstspaltung.

Die anderen haben sich in unseren Herzen installiert; wir nennen sie ›wir selbst‹. Jeder ist weder für sich noch für den anderen er selbst, wie auch der andere weder für sich noch für uns er selbst ist; jeder ist ein anderer für den anderen und erkennt weder sich selbst im anderen noch den anderen in sich selbst. In seinem zumindest doppelten Nichtdasein ist der moderne Mensch, heim-

gesucht vom Geist des eigenen ermordeten Selbst, ganz einfach anderen Personen ergeben – je ergebener, desto unbefriedigter, desto einsamer.
Dann kommt die nächste Windung der Spirale, eine weitere Runde des circulus vitiosus, eine weitere Drehung des Tourniquets. Denn nun wird Liebe zur nächsten Entfremdung, zum nächsten Akt der Gewalt. Mein Bedürfnis ist ein Bedürfnis, dessen bedurft wird, und mein Verlangen ein Verlangen, nach dem verlangt wird. Ich agiere nun, um das, wofür ich mich selbst halte, zu installieren in das, was ich für das Herz des anderen halte. Marcel Proust schrieb: »Wie haben wir die Courage zu leben, wie können wir eine Bewegung machen, um uns vor dem Tode zu bewahren, in einer Welt, in der Liebe durch Lüge provoziert wird und allein aus dem Bedürfnis besteht, unsere Leiden mildern zu lassen durch den, der uns leiden ließ?«
Doch läßt uns nicht einer leiden. Die Gewalt, die wir ausüben und uns zugefügt haben, die Beschuldigungen und Versöhnungen, die Ekstasen und Qualen einer Liebe basieren auf der sozial bedingten Illusion, daß zwei wirkliche Personen in Relation zueinander stehen. Unter den gegebenen Umständen ist dies ein gefährliches Stadium von Halluzination und Wahn, ein Mischmasch aus Phantasie, Reparation und Revanche.
Doch bei all dem schließe ich Gelegenheiten nicht aus, wo (zumeist verloren) Liebende einander entdecken mögen – Augenblicke, in denen Erkennen stattfindet. Zumindest jedoch sollten die ›Kinder im Wald‹ freundlicher zueinander sein, sie sollten etwas Sympathie und Mit-Passion zeigen, wenn überhaupt noch etwas an Pathos und Passion übrig ist.

Aber wenn Gewalt sich als Liebe maskiert, wenn erst einmal die Spaltung in Selbst und Ego, Innen und Außen, Gut und Böse geschieht, ist alles übrige ein infernalischer Tanz falscher Dualitäten. Spaltet man das ›Sein‹ in der Mitte, will man nur das *eine* ohne das *andere* grapschen, hält man sich ans Gute und nicht auch ans Schlechte und verleugnet dabei das eine zugunsten des anderen, dann geschieht, was man immer erkannt hat: der dissoziierte böse Impuls – böse jetzt in doppeltem Sinn – kehrt zurück, um das Gute zu durchdringen, in Besitz zu nehmen und zu dem zu machen, was er selbst ist.

Wenn das große Tao verloren ist, sprudeln Güte und Rechtschaffenheit.

Wenn Weisheit und Klugheit erstehen, gibt es große Heuchler.

Wenn die Beziehungen in der Familie nicht mehr harmonisch sind, haben wir kindlich-ergebene Kinder und zärtlich liebende Eltern.

Wenn eine Nation in Konfusion und Unordnung ist, entdeckt man Patrioten.

Wir müssen sehr auf unsere selektive Blindheit achten. Die Deutschen brachten ihren Kindern bei, die Juden auszurotten, ihren Führer zu verehren und fürs Vaterland zu töten und zu sterben. Die Mehrheit meiner Generation hielt oder hält es nicht für eine völlige Verrücktheit, lieber tot als rot zu sein. Niemand von uns, nehme ich an, hat sehr viele Stunden Schlaf verloren ob der unmittelbar drohenden Annihilation des Menschengeschlechts und unserer eigenen Verantwortung dafür.

In den letzten fünfzig Jahren haben wir Menschen mit eigener Hand an die hundert Millionen Artgenossen hingeschlachtet. Wir alle leben unter der ständigen Drohung unserer totalen Annihilation. Wir scheinen Tod und Destruktion so sehr zu suchen wie Leben und Glück. Wir werden getrieben zum Töten und Getötetwerden wie zum Lebenlassen und Leben. Nur durch die abscheulichste Vergewaltigung unserer selbst vermögen wir in relativer Anpassung an eine Kultur zu leben, die augenscheinlich ihrer eigenen Destruktion zutreibt. Vielleicht können wir teilweise ungetan machen, was uns angetan worden ist und was wir uns selbst angetan haben. Wenn wir aufhören können, uns selbst zu zerstören, hören wir vielleicht auch auf, andere zu zerstören. Wir müssen damit beginnen, unsere Gewalt zuzugeben und zu akzeptieren, statt uns selbst durch sie blindlings zu zerstören. Damit müssen wir realisieren, daß wir uns so sehr vor dem Leben fürchten wie vor dem Sterben.

IV. Wir und sie

Erst wenn etwas problematisch geworden ist, beginnen wir, Fragen zu stellen. Widerspruch rüttelt uns aus unserem Schlummer und zwingt uns, unseren Standpunkt zu sehen im Kontrast zu jemand anderem, der ihn nicht teilt. Doch wir widersetzen uns solchen Konfrontationen. Die Geschichte der Häresien aller Art zeigt nicht nur die Tendenz, die Kommunikation abzubrechen (Exkommunikation) mit denen, die abweichende Dogmen oder Meinungen haben – sie bezeugt unsere Intoleranz gegenüber abweichenden *fundamentalen Erfahrungsstrukturen.* Anscheinend brauchen wir die Teilnahme an der allgemeinen Meinung zur menschlichen Existenz, brauchen mit anderen Konsens für die Welt, brauchen die Aufrechterhaltung des Konsensus.

Doch anscheinend werden bestimmte, einmal geteilte fundamentale Erfahrungsstrukturen als objektive Entitäten erfahren. Diese reifizierten Projektionen unserer eigenen Freiheit werden dann introjiziert. Wenn Soziologen die projiziert-introjizierten Reifikationen untersuchen, haben diese die Erscheinung von Dingen angenommen. Ontologisch sind sie nicht Dinge. Sie sind Pseudo-Dinge. Soweit betonte Durkheim völlig zu Recht, daß Kollektivvorstellungen schließlich als Dinge erfahren werden, außerhalb von jedermann. Sie nehmen Macht und Charakter partiell autonomer Realitäten an, die ein Eigenleben führen. Eine soziale Norm kann jedermann drückende Verpflichtungen auferlegen, obwohl nur wenige Leute sich mit ihr identifizieren mögen.

In diesem Geschichtsmoment sind wir alle in der Hölle frenetischer Passivität gefangen. Wir finden uns von Vernichtung bedroht, die reziprok sein wird, die niemand wünscht, die jeder fürchtet und die uns gerade deshalb zustoßen mag, ›weil‹ niemand sie zu stoppen weiß. Eine Möglichkeit dazu gibt es: Wenn wir die Struktur der Entfremdung unserer selbst von unserer Erfahrung, unserer Erfahrung von unserem Tun, unseres Tuns von humaner Urheberschaft verstehen können. Jeder wird Befehle ausführen. Woher kommen sie? Immer von sonstwo. Ist es noch möglich, unsere Bestimmung aus dieser höllischen und inhumanen Fatalität heraus wiederherzustellen?

Innerhalb dieses schrecklichen circulus vitiosus gehorchen und verteidigen wir Wesen, die nur insoweit existieren, als wir sie weiterhin erfinden und fortbestehen lassen. Welchen ontologischen Status haben diese Gruppenwesen?

Die menschliche Szene ist eine Szene von Vorspiegelungen und dämonischen Pseudo-Realitäten: alle glauben, alle anderen würden daran glauben.

Wie können wir den Weg zurückfinden zu uns selbst? Beginnen wir, indem wir darüber nachzudenken versuchen.

Wir agieren nicht nur gemäß unserer eigenen Erfahrung, sondern so, wie wir glauben, daß *sie* erfahren, und so, wie wir glauben, daß sie glauben, daß wir erfahren – und so weiter in einer logisch sich drehenden Spirale ad infinitum.[1]

1 An anderer Stelle habe ich ein Schema ausgearbeitet als Versuch, über einige der Themen nachzudenken. Es basiert auf Theorien von Durkheim,

Unsere Sprache reicht nur teilweise aus, um diesen Tatbestand auszudrücken. Auf Stufe eins mögen zwei Leute oder zwei Gruppen sich einig sein oder nicht. Sie stimmen völlig überein oder in etwa. Sie teilen einen gemeinsamen Standpunkt. Doch auf Stufe zwei mögen sie meinen oder nicht, daß sie sich einig sind oder nicht, und dabei mögen sie recht haben oder nicht. Während es auf Stufe eins um Einigkeit oder Uneinigkeit geht, geht es auf Stufe zwei um Verstehen oder Mißverstehen. Auf Stufe drei geht es um eine dritte Stufe der Bewußtheit: Was meine ich, daß du meinst, daß ich meine? Es geht um die Realisation oder Nicht-Realisation des Verstehens oder Mißverstehens der zweiten Stufe auf der Basis von Einigkeit oder Uneinigkeit der ersten Stufe. Theoretisch ist die Stufenfolge endlos.

Um solche Komplexität leichter erfassen zu können, wollen wir Kurzschrift benutzen. Setzen wir E für Einigkeit und U für Uneinigkeit, V für Verstehen und M für Mißverstehen, R für Realisation des Verstehens oder Mißverstehens und N für Nicht-Realisation des Verstehens oder Mißverstehens. Dann bedeutet R V E V R, auf Mann und Frau angewandt: Der Mann realisiert, daß seine Frau versteht, daß sie sich einig sind, und daß sie realisiert, daß er das versteht.

Frau	Mann		Mann	Frau
R	V	E	V	R

Sartre, Husserl, Schultz, Mead, Dewey u. a. Siehe R. D. Laing, H. Phillipson und A. R. Lee, *Interpersonal Perception: A Theory and a Method of Research*, London und New York 1966.

Andererseits bedeutet N M U M N:

Mann	Frau		Mann	Frau
N	M	U	M	N

Mann und Frau sind sich uneinig, mißverstehen sich beide und realisieren beide ihr gegenseitiges Mißverstehen nicht.

Es gibt viele Verzweigungen des Schemas; auf sie wurde an anderer Stelle detailliert eingegangen.[2] Die Möglichkeiten der drei Perspektive-Stufen kann man so zusammenstellen[3]:

	Realisation		Nicht-Realisation	
	Ver-stehen	Miß-verstehen	Ver-stehen	Miß-verstehen
Einigkeit	RVE	RME	NVE	NME
Uneinigkeit	RVU	RMU	NVU	NMU

Vermutlich macht es für viele Leute einen Unterschied, sich einig zu meinen mit dem, was die meisten Leute meinen (2. Stufe), oder zu meinen, die meisten Leute betrachteten sie als ihresgleichen (3. Stufe). Man kann meinen, was jeder meint, und glauben, man befinde sich in der Minorität. Man kann meinen, was nur wenige mei-

2 Laing, Phillipson, Lee, a.a.O.

3 Der Soziologe Thomas Scheff hat betont, daß all diese Felder zwar in Zwei-Personen-Relationen empirisch möglich sind, daß aber unter Gruppenbedingungen zwei von ihnen Nullfälle sein können: RME und RMU.

nen, und wähnen, man befinde sich in der Majorität. Man kann finden, ›sie‹ finden, man sei wie ›sie‹, wenn man es nicht ist – und sie finden das gar nicht. Man kann sagen: Ich glaube dies, ›sie‹ aber glauben das; so leid es mir tut, ich kann nichts dazu tun.

Sie

Klatsch und Skandal gibt es immer und überall. Jedermann ist der andere für die anderen. Die Mitglieder eines Skandalnetzes mögen in Gedanken übereinstimmen, die niemand für seine Person zugeben wird. Jedermann hat eine Meinung zu dem, von dem er meint, daß es der andere meint. Der andere dagegen hat eine Meinung zu dem, was noch ein anderer meint. Jedermann hat nichts gegen einen farbigen Untermieter – ausgenommen jedermanns Nachbar. Jedermann ist aber Nachbar seines Nachbarn. Was ›sie‹ meinen, wird mit Überzeugung festgehalten. Es ist unbezweifelbar und unbestreitbar. Die Skandalgruppe besteht aus einer Reihung von anderen, die jedes Reihenglied für sich ablehnt.

Es sind immer anderswo die anderen, und niemand glaubt, sich von ›ihnen‹ unterscheiden zu dürfen. Ich habe *wirklich* nichts dagegen, wenn meine Tochter einen Goi heiratet – aber immerhin leben wir in einer jüdischen Umgebung! Solche Kollektivgewalt steht in Proportion zur Erschaffung dieser Gewalt durch jedermann und zu seiner eigenen Impotenz. Das kann man sehr deutlich an folgender invertierten Romeo-und-Julia-Situation erkennen:

John und Mary haben ein Verhältnis. Gerade als sie es

beenden wollen, stellt Mary fest, daß sie schwanger ist. Beide Familien werden informiert. Mary will John nicht heiraten. John will Mary nicht heiraten. Aber John meint, Mary wolle, daß er sie heiratet; und Mary will Johns Gefühle nicht verletzen durch ein Geständnis, daß sie ihn nicht heiraten will – da sie meint, er wolle sie heiraten und meine, sie wolle ihn heiraten. – Die zwei Familien steigern die Konfusion noch beträchtlich. Marys Mutter legt sich heulend über die Schande zu Bett: Was werden die Leute sagen, wie sie ihre Tochter erzogen hat? Die Situation ›an sich‹ macht ihr nichts aus – das Mädchen wird ja heiraten. Doch sie nimmt es sich zu Herzen, was die Leute sagen werden. Niemand in beiden Familien ist für seine Person (›... wenn es allein mich betreffen würde ...‹) auch nur im geringsten besorgt; aber alle sind sehr besorgt über den Effekt von ›Klatsch‹ und ›Skandal‹ auf alle anderen. Die Sorge konzentriert sich hauptsächlich auf den Vater des Jungen und auf die Mutter des Mädchens, die beide ausgiebig über den schrecklichen Schlag getröstet zu werden verlangen. Der Vater des Jungen ist beunruhigt darüber, was die Mutter des Mädchens über ihn denken werde. Die Mutter des Mädchens ist beunruhigt darüber, was ›jedermann‹ von ihr denken werde. Der Junge ist besorgt über die Meinung der Familie zu dem, was er seinem Vater angetan habe – und so weiter.

Die Spannung steigert sich innerhalb weniger Tage bis zur Vollbeschäftigung aller Mitglieder beider Familien mit Heulen und Händeringen, mit Beschuldigungen und Entschuldigungen.

Typische Äußerungen dabei sind:

MUTTER ZUM MÄDCHEN: Selbst wenn er dich heiraten

will, wie kann er dich jemals respektieren nach dem, was die Leute dann über dich gesagt haben werden.

MÄDCHEN (etwas später): Ich hatte endgültig genug von ihm, gerade bevor ich feststellte, daß ich schwanger war; aber ich wollte seine Gefühle nicht verletzen, weil er so verliebt in mich war.

JUNGE: Wenn ich nicht meinem Vater verpflichtet gewesen wäre nach allem, was er für mich getan hat, hätte ich dafür gesorgt, daß sie es loswird. Aber da wußten es dann schon alle.

Alle wußten es, weil der Sohn es seinem Vater erzählte, der es seiner Frau erzählte, die es ihrem ältesten Sohn erzählte, der es seiner Frau erzählte, usw.

Solche Prozesse scheinen eine Dynamik zu besitzen unabhängig von den Individuen. Doch in diesem und in jedem anderen Fall ist dieser Prozeß eine Form der Entfremdung; das ist nur einsehbar, wenn die Schritte in den Wandlungen der Entfremdung von einem jeden Menschen zurückverfolgt werden können zu dem, was in einem jeden Augenblick ihr einziger Ursprung ist: die Erfahrung und die Aktionen eines jeden einzelnen Menschen.

Das Sonderbare an ›denen‹ ist, daß ›sie‹ nur durch jeden einzelnen von uns in Zurückweisung seiner eigenen Identität geschaffen werden. Wenn wir ›sie‹ in unseren Herzen installiert haben, sind wir nur eine Vielzahl von Einsamkeiten – mit der allen Menschen gemeinsamen Zuteilung von Necessitas an den anderen für die eigenen Handlungen. Jeder aber ist als anderer für den anderen des anderen Necessitas. Jeder leugnet innere Bande mit den anderen; jeder beansprucht die eigene Unwesentlichkeit: ›Ich habe nur meine Befehle ausgeführt. Wenn ich es nicht getan hätte, hätte es ein anderer getan.‹ ›Warum unterschreibst du nicht? Alle anderen haben unterschrieben!‹ Und so weiter. Doch wenn ich auch nicht differiere, kann ich dennoch nicht different handeln. Niemand hat mehr Necessitas für mich, als ich für ›sie‹ zu haben beanspruche. Aber gerade wie er für mich ›einer von denen‹ ist, so bin ich für ihn ›einer von denen‹. In dieser Kollektion von reziproker Indifferenz, reziproker Unwesentlichkeit und Einsamkeit scheint keine Freiheit zu existieren. Es herrscht Konformität in einer *Präsenz,* die überall *anderswo* ist.

Wir

Das Wesen einer Gruppe ist vom Standpunkt der Gruppenmitglieder aus sehr seltsam. Wenn ich mir dich und ihn als zu mir gehörig vorstelle und andere wiederum als nicht zu mir gehörig, habe ich bereits zwei elementare Synthesen hergestellt: das ›*wir*‹ und das ›*sie*‹. Dieser private Akt von Synthese macht jedoch allein noch keine Gruppe aus. Damit ›*wir*‹ zu einer Gruppe werden, ist es nicht nur nötig, daß ich – sagen wir einmal – dich und ihn und mich als ›*wir*‹ betrachte, sondern auch, daß wir bei dir und ihm als ›*wir*‹ gelten. Ich werde einen solchen Akt, in dem eine Anzahl von Personen sich als eine einzige Kollektivität erfahren, einen Akt elementarer Gruppensynthese nennen. In unserem Falle haben ›*wir*‹ – jeder von ›uns‹, ich, du und er – Akte elementarer Gruppensynthese vollzogen. Doch zunächst sind das einfach drei private Akte von Gruppensynthese. Damit wirklich eine Gruppe entsteht, muß ich

realisieren, daß du dich für einen von ›uns‹ hältst – wie ich – und daß er sich für einen von ›uns‹ hält – wie du und ich. Weiter muß ich mich vergewissern, daß ihr beide (du und er) realisiert, daß ich mich dir und ihm zugehörig fühle; und ihr müßt euch ebenso vergewissern, daß die beiden anderen realisieren, daß dieses ›wir‹ unter uns ubiquitär und nicht einfach eine private Illusion meiner-, deiner- oder seinerseits ist, weil an ihm nur zwei von uns, nicht aber alle drei teilhaben.
In stark verkürzter Form kann ich den obigen Abschnitt wie folgt zusammenfassen:
Ich ›interiorisiere‹ deine und seine Synthese, du interiorisierst seine und meine, er interiorisiert meine und deine. Ich interiorisiere deine Interiorisation meiner und seiner Synthese, du interiorisierst meine Interiorisation deiner und seiner Synthese. Weiter interiorisiert er meine Interiorisation seiner und deiner Synthese – eine logisch eingehende Spirale reziproker Perspektiven ad infinitum.
Die Gruppe, betrachtet zunächst vom Standpunkt der *Erfahrung* ihrer eigenen Mitglieder aus, ist nicht ein soziales Objekt im leeren Raum. Sie ist das ganz außerordentliche Wesen, das gebildet wird durch jedermanns Synthese aus derselben Vielheit zum ›wir‹ und durch jedermanns Synthese aus der Vielheit der Synthesen.
Betrachtet man die Gruppe von außen, tritt sie ins Blickfeld als ein soziales Objekt, das durch seine Erscheinung und durch seine offensichtlichen inneren Prozesse der Illusion Vorschub leistet, es sei ein Organismus.
Dies ist eine Täuschung. Geht man näher heran, ist da nirgendwo ein Organismus.
Eine Gruppe, deren Vereinigung erreicht wird durch die

reziproke Interiorisation eines jeden durch einen jeden und in der weder ein ›gemeinsames Objekt‹ noch organisatorische oder institutionelle Strukturen usw. als Gruppen›zement‹ eine Primärfunktion haben, werde ich *Nexus* nennen.

Die Einheit des Nexus liegt im Innern einer jeden Synthese. Jeder solche Akt von Synthese ist durch reziproke Interiorität mit jeder anderen Synthese desselben Nexus verbunden, insofern dies auch die Interiorität jeder anderen Synthese ist. Die Einheit des Nexus liegt in der Vereinigung, hergestellt durch jedermann aus der Vielheit der Synthesen.

Die Sozialstruktur des vollendeten Nexus ist *Unitas als Ubiquitas*. Es ist eine Ubiquität des *hier*, während die Reihe der anderen immer anderswo, immer *dort* ist.

Der Nexus existiert nur, insoweit jede Person den Nexus inkarniert. Der Nexus ist überall in jeder Person, und er ist nirgendwo als nur in ihr. Der Nexus ist das Gegenteil des ›sie‹ – jeder anerkennt seine Zugehörigkeit zu ihm, betrachtet den anderen als gleichwertig mit sich und erwartet, daß der andere ihn auch als sich gleichwertig betrachtet. »Wir sitzen alle im selben Boot auf stürmischer See, und wir schulden einander entsetzliche Loyalität.« (G. K. Chesterton)

In dieser Gruppe von reziproker Loyalität, von Brüderlichkeit bis zum Tode ist jede Freiheit reziprok verbürgt: Einer für den anderen.

In der Nexus-Familie wird die Gruppeneinheit erreicht durch die Erfahrung eines jeden von der Gruppe. Die Gefahr für jede Person (die Person ist wesentlich für den Nexus, der Nexus ist wesentlich für die Person) liegt in der Zersetzung oder der Zerteilung der ›Familie‹. Das kann nur geschehen, wenn eine Person nach der anderen sie bei sich selbst zerstört. Eine vereinte ›Familie‹ existiert nur so lange, als jedermann ihre Existenz in seinem Handeln anerkennt. Jeder kann dann auf den anderen einwirken, um ihn zu zwingen (mittels Sympathie, Erpressung, Verschuldung, Schuld, Dankbarkeit oder nackter Gewalt), seine Interiorisation der Gruppe unverändert beizubehalten.

Die Nexus-Familie ist dann die ›Entität‹, die in jedem bewahrt und der von jedem aufgewartet werden muß, für die man lebt und stirbt, die Leben für Loyalität und Tod für Desertion bietet. Jeder Ausbruch aus dem Nexus (Verrat, Treuebruch, Häresie usw.) ist nach Nexus-Moral strafbar. Die schlimmste Strafe für Gruppenmenschen ist Verbannung oder Exkommunikation: der Gruppentod.

Bedingung für das Fortbestehen eines solchen Nexus mit seiner alleinigen Existenz in jedermanns Erfahrung von ihm ist die erfolgreiche Neuerfindung dessen, was solcher Erfahrung ihre *raison d'être* gibt. Wenn es keine externe Gefahr gibt, dann müssen Gefahr und Terror erfunden und aufrechterhalten werden. Jeder muß die anderen zur Aufrechterhaltung des Nexus in sich bewegen.

Manche Familien leben in ständiger Angst vor einer für sie externen Verfolgerwelt. Die Mitglieder der Familie leben sozusagen in einem Familienghetto. Dies ist eine Basis für den sogenannten mütterlichen Über-Schutz. Es ist kein ›Über‹-Schutz vom Standpunkt der Mutter aus und oft auch nicht von dem anderer Familienmitglieder aus.

Der ›Schutz‹, den eine solche Familie ihren Mitgliedern bietet, scheint auf mehreren Vorbedingungen zu beruhen: 1. Auf der Vorstellung, die externe Welt sei außerordentlich gefährlich; 2. auf der Erzeugung von Terror innerhalb des Nexus angesichts der externen Gefahr. Das ›Werk‹ des Nexus ist die Erzeugung dieses Terrors. Die Wirkung ist *Gewalt*.

Die Stabilität des Nexus ist Produkt des Terrors, der bei den Mitgliedern erzeugt wird durch das Einwirken (die Gewalt) der Gruppenmitglieder aufeinander. Solche Familien-›Homöostase‹ ist Produkt der Reziprozität nach den Gesetzen von Gewalt und Terror.

Oberstes Moralgebot des Nexus ist reziproke Sorge. Jeder sorgt sich um das, was die anderen meinen, fühlen, tun. Es kann soweit kommen, daß jeder es für sein *Recht* hält, die Sorge der anderen um sich zu erwarten, und umgekehrt sich für verpflichtet hält, sich um sie zu sorgen. Ich mache keine Bewegung, ohne es für mein Recht zu halten, daß du über mein Tun glücklich oder traurig, stolz oder beschämt zu sein hast. Jede meiner Handlungen ist stets die Sorge der anderen Gruppenmitglieder. Und ich halte dich für gefühllos, wenn du dich nicht um meine Sorge um dich bei deinem Tun sorgst.

Eine Familie kann als Bande von Gangstern auftreten, die sich gegenseitig Schutz bieten vor der Gewalt des anderen. Es ist ein reziproker Terrorismus mit dem Sicherheitsangebot des Schutzes vor der Gewalt, durch die jeder den anderen bedroht und selbst bedroht wird, wenn jemand aus der Reihe tanzt.

Meine Sorge, meine Sorge um deine Sorge, deine Sorge, deine Sorge um meine Sorge usw. – das ist eine unendliche Spirale, auf der mein Stolz auf oder meine Scham über Vater, Mutter, Sohn, Tochter beruhen.

Wesentliches Charakteristikum des Nexus ist es, daß von jeder Aktion einer Person Bezugnahme und Einfluß auf jede andere Person erwartet werden. Auch erwartet man, daß dieser Einfluß reziprok sein wird.
Von jedermann wird erwartet, unter Kontrolle zu stehen und die anderen zu kontrollieren durch den reziproken Effekt, den jeder auf den anderen hat. Von den Aktionen oder Gefühlen der anderen betroffen zu sein, ist ›natürlich‹. Nicht ›natürlich‹ ist es, wenn ein Vater nicht Stolz oder Scham über seinen Sohn, seine Tochter, seine Mutter usw. empfindet. Nach dieser Moral ist Freude-bereiten, Glücklich-machen und Dankbarkeit-zeigen höchste Form der Aktion. Dieser reziprok-transpersonale Kausaleffekt ist eine sich selbst verwirklichende Annahme. In diesem ›Spiel‹ zählt es als Foul, die Interdependenz zu benutzen, um den anderen zu verletzen – außer im Dienste des Nexus. Aber das schlimmste aller Verbrechen ist die Weigerung, im Sinne der Annahme zu handeln.
Beispiele dafür sind:
Peter gibt Paul etwas. Wenn Paul sich nicht darüber freut oder das Geschenk ablehnt, ist er undankbar gegenüber dem, was man für ihn tut. Oder: Peter wird unglücklich gemacht, wenn Paul etwas tut. Wenn Paul es also tut, macht er Peter damit unglücklich. Wenn Peter unglücklich gemacht wird, ist Paul rücksichtslos, gefühllos, selbstsüchtig und undankbar. Oder: Wenn Peter bereit ist, für Paul Opfer zu bringen, sollte Paul auch bereit sein, für Peter Opfer zu bringen – sonst ist er selbstsüchtig, undankbar, gefühllos, unbarmherzig usw.
Das ›Opfer‹ besteht unter diesen Umständen darin, daß Peter sich arm macht, um etwas für Paul zu tun. Das ist

die Taktik der *erzwungenen Schulden.* Ein Weg dahin ist, daß jeder *in den anderen investiert.*

Die Gruppe – ob ›wir‹, ›ihr‹ oder ›sie‹ – ist kein neues Individuum, kein neuer Organismus oder Superorganismus auf der sozialen Szene. Sie übt keine eigene Tätigkeit aus, sie hat kein eigenes Bewußtsein. Und doch sollen wir unser Blut und das Blut anderer für diese blutlose Gestalt vergießen!

Die Gruppe ist eine Realität von dieser oder jener Art. Aber von welcher? Das ›wir‹ ist eine Form des Zusammenschlusses einer Vielheit, gebildet von denen, welche die gemeinsame Erfahrung ihrer ubiquitären Erfindung miteinander teilen.

Von außen mag eine ›Sie‹-Gruppe anders aussehen. Sie ist dennoch eine Art von Zusammenschluß, die einer Vielheit aufgezwungen wird; doch dieses Mal sind die Erfinder des Zusammenschlusses ausdrücklich selbst nicht daran beteiligt. Ich meine hier natürlich nicht die Wahrnehmung eines schon aus sich selbst heraus konstituierten ›wir‹ durch einen Außenseiter. Das ›sie‹ tritt auf als eine Art von sozialer Täuschung: die Roten, die Weißen, die Schwarzen, die Juden. Auf der menschlichen Szene jedoch können solche Täuschungen sich selbst verwirklichen. Die Erfindung des ›sie‹ schafft ›uns‹, und vielleicht brauchen ›wir‹ die Erfindung des ›sie‹, um ›uns‹ selbst neu zu erfinden.

Eine der zaghaftesten Formen von Solidarität besteht zwischen uns, wenn wir dasselbe, aber nichts voneinander wollen. Uns vereint – sagen wir – der gemeinsame Wunsch, den letzten Platz im Zug oder das beste Stück beim Schlußverkauf zu erwischen. Wir würden uns mit Freuden gegenseitig die Kehle durchschneiden. Nichtsdestoweniger mögen wir ein gewisses Band zwischen uns spüren, einen sozusagen negativen Zusammenschluß, in dem jeder den anderen als überflüssig empfindet und eines jeden Metaperspektive ihm zeigt, daß er für den anderen überflüssig ist. Jeder als anderer für den anderen ist einer zuviel. In diesem Fall haben wir den Wunsch gemeinsam, dasselbe Objekt oder dieselben Objekte zu bekommen – Nahrung, Land, eine (reale oder imaginäre) soziale Position; doch selbst haben wir nichts gemeinsam und wünschen es auch nicht zu haben. Zwei Männer lieben dieselbe Frau, zwei Leute wollen dasselbe Haus, zwei Bewerber dieselbe Stellung. Das gemeinsame Objekt kann gleichzeitig trennen und vereinen. Schlüsselfrage ist, ob es sich allen geben kann oder nicht. Wie selten ist es?

Das Objekt kann tierisch, pflanzlich, mineralisch, menschlich oder göttlich, real oder imaginär, einfach oder mehrfach vorhanden sein. Ein menschliches Objekt, das Leute vereint, ist zum Beispiel ein Pop-Sänger in der Beziehung zu seinen Fans. Alle können ihn besitzen, wenn auch nur magisch. Wenn diese Magie der anderen Realitätsordnung konfrontiert wird, findet man das Idol in Gefahr, von der Raserei der Fans in Stücke gerissen zu werden.

Das Objekt kann mehrfach vorhanden sein. Zwei rivalisierende Firmen treiben intensiv konkurrierende Werbung, jede unter dem Eindruck, daß sie ihre Konsumenten an die andere verliert. Die Marktforschung enthüllt manchmal, wie phantastisch die Szene solcher sozialen Vielheiten ist. Die Gesetze sind noch nicht entdeckt, welche die Empfindung, Erfindung und Erhaltung solcher sozialen Wesen wie ›die Konsumenten‹ lenken.

Das gemeinsame Band zwischen ›uns‹ kann der andere sein. Der ›andere‹ ist vielleicht nicht einmal so lokalisierbar wie ein definierbares ›sie‹, auf das man zeigen kann. Im sozialen Zusammenhang von Skandal, Klatsch und uneingestandener Rassendiskriminierung ist der ›andere‹ überall und nirgends. Der ›andere‹, der jedermann lenkt, ist jedermann in seiner Position – nicht des Selbst, sondern als anderer. Jedes Selbst leugnet aber, selbst jener andere zu sein, der er für den ›anderen‹ ist. Der ›andere‹ ist jedermanns Erfahrung. Jeder kann nichts tun wegen des anderen. Der andere ist überall anderswo.

Am intimsten können ›wir‹ vielleicht vereint sein, wenn jeder von uns in derselben Präsenz ist und sie in sich hat. Das ist Nonsens in jedem äußeren Sinne; doch hier untersuchen wir einen Erfahrungsmodus, der sich nicht an die Regeln der analytischen Logik hält.

Wir finden diesen dämonischen Gruppenmystizismus häufig beschworen in den Nürnberger Parteitagsreden der Nazis vor dem Kriege. Rudolf Hess proklamiert: Wir sind die Partei, die Partei ist Deutschland, Hitler ist die Partei, Hitler ist Deutschland – und so weiter.

Wir sind Christen, sofern wir Brüder in Christo sind. Wir sind in Christo, und Christus ist in jedem von uns.

Man kann von keiner Gruppe erwarten, daß sie lange geeint bleibt allein durch das Feuer solcher Einheits-Erfahrung. Gruppen verschwinden leicht bei Attacken anderer Gruppen, erliegen Hunger und Krankheit, werden von innen gespalten durch Abweichler – und so weiter. Aber die simpelste Bedrohung für alle Gruppen bildet auf Dauer der simple Mitgliederschwund. Dies ist sozusagen die Gefahr der Austrocknung.

In Form von Gruppenloyalität, Brüderlichkeit und Liebe wird hier eine Moral eingeführt, deren Basis so aussieht: Ich habe das Recht, dem anderen Schutz vor meiner Gewalt zu gewähren, falls er mir gegenüber loyal ist, und seinen Schutz vor seiner Gewalt zu erwarten, falls ich ihm gegenüber loyal bin; ich habe die Verpflichtung, ihn mit der Androhung meiner Gewalt zu terrorisieren, falls er nicht loyal bleibt.

Treu zu bleiben, ist die Moral der Schweine von Gadara – einer für alle und alle für einen, wenn wir uns brüderlich ins Verderben stürzen.

Machen wir uns keine Illusionen über die Brüderlichkeit des Menschen. Mein Bruder, den ich liebe wie mich selbst, mein Zwilling, mein Double, mein Fleisch und mein Blut – mag er mein Gefährte beim Lynchen oder im Leiden sein, so kann er doch leicht aus meiner Hand den Tod empfangen, wenn er anderer Meinung sein sollte.

Die Brüderlichkeit des Menschen wird beschworen von Menschen in besonderen Situationen. Aber sie erstreckt sich selten auf alle Menschen. Im Namen von Freiheit und Brüderlichkeit sind wir bereit, die andere Hälfte der Menschheit in die Luft zu jagen und selbst dafür in die Luft gejagt zu werden.

Das ist eine Frage auf Leben und Tod im denkbar dringlichsten Sinn. Denn auf der Basis von so primitiven Sozialphantasien wie: »Wer und was bin ich, bist du, ist er, ist sie, sind ›wir‹, sind ›sie‹?« wird die Welt vereint oder geteilt, sterben wir, töten, vernichten, reißen wir auseinander und werden wir auseinander gerissen, steigen wir hinab in die Hölle oder hinauf in den Himmel, kurz: leben wir. Was bedeutet die ›Existenz der Roten‹ für dich und für mich? Welcher Natur ist das

Dasein, das heraufbeschworen wird durch diesen magischen Laut? Sind wir Sympathisanten des ›Ostens‹? Meinen wir, ›es‹, ›sie‹ oder ›ihn‹ bedrohen, abschrekken, versöhnen zu müssen? ›Rußland‹ oder ›China‹ haben nirgendwo ›Existenz‹ als nur in jedermanns Phantasie, ›Russen‹ und ›Chinesen‹ eingeschlossen – nirgendwo und überall. Eine ›Existenz‹ – in der Phantasie ›der Russen‹: sie sind in ihr und haben sie zu verteidigen; in der Phantasie der Nicht-Russen: ein fremdes Super-Subjekt-Objekt, gegen das man seine ›Freiheit‹ zu verteidigen hat. Wenn wir alle entsprechend solcher präontologischen seriellen Massenphantasie handeln, können wir alle vernichtet werden durch eine ›Existenz‹, die nie existiert hat – ausgenommen insoweit, als wir *alle* sie oder es oder ihn erfunden haben.
Das spezifisch Menschliche menschlicher Gruppierungen kann man ausnutzen, um ihnen das Aussehen nichtmenschlicher Systeme zu geben.
Wir nehmen nicht an, daß chemische Elemente Verbindungen eingehen, *weil* sie sich lieben. Atome explodieren nicht aus Haß. Menschen handeln aus Liebe und Haß, verbinden sich zu Abwehr, Angriff oder Lust.

Wer das Verhalten vieler Leute zu kontrollieren sucht, wirkt auf die *Erfahrungen* dieser Leute ein. Wenn Leute erst einmal dazu gebracht werden können, eine Situation ähnlich zu erfahren, kann man erwarten, daß sie sich auch ähnlich verhalten werden. Bring Leute dazu, dasselbe zu wollen, dasselbe zu hassen, dieselbe Bedrohung zu fühlen – dann ist ihr Verhalten bereits festgelegt, und du hast deine Konsumenten oder dein Kanonenfutter. Bring sie dazu, die Neger für »Untermenschen«

oder die Weißen für lasterhaft und degeneriert zu halten – und das Verhalten kann abgestimmt werden.

Soviel Erfahrung und Aktion man auch in quantitativ austauschbare Einheiten transformieren mag, das Schema für die Intelligibilität von Gruppenstrukturen und -permanenz ist völlig verschieden von dem, das wir zur Erklärung relativer Konstanzen in physikalischen Systemen heranziehen. Im zweiten Fall verfolgen wir nicht in gleicher Weise die Konstanz eines Musters zurück bis zur reziproken Interiorisation der Einheiten, aus denen das Muster anscheinend besteht. Die Trägheit menschlicher Gruppen jedoch, die gerade als Negation der Praxis erscheint, ist de facto Produkt der Praxis und nichts anderes. Diese Gruppenträgheit kann nur Instrument der Mystifikation sein, wenn sie als Teil der ›natürlichen Ordnung der Dinge‹ gilt. Der ideologische Mißbrauch einer solchen Idee ist offensichtlich. Sie dient deutlich den Interessen derer, die ein Interesse daran haben, die Leute glauben zu lassen, der *status quo* gehöre zur ›natürlichen Ordnung‹, sei gottgewollt oder in den ›Natur‹gesetzen verankert. Weniger schnell durchschaubar, aber nicht weniger verwirrend ist die Anwendung eines epistemologischen, von Natursystemen abgeleiteten Schemas auf Menschengruppen. Die theoretische Haltung dient hier nur zur Intensivierung der Dissoziation von Praxis und Struktur.

Die Gruppe wird Maschine – und es wird vergessen, daß es eine von Menschen gemachte Maschine ist, in welcher gerade die Menschen die Maschine sind, die sie machen. Sie hat gar keine Ähnlichkeit mit einer von Menschen gemachten Maschine, die eine eigene Existenz haben kann. Die Gruppe – das sind die Menschen selbst; sie arrangieren sich zu Mustern und Schichten, sie nehmen und geben sich verschiedene Gewalten, Funktionen, Rollen, Rechte, Pflichten und so weiter.

Die Gruppe kann keine Entität fern von Menschen werden; Menschen aber können Kreise bilden, um andere Menschen einzukreisen. Die Muster in Raum und Zeit, ihre relative Permanenz und Rigidität verwandeln sich niemals in ein Natursystem oder in einen Super-Organismus. Die Phantasie freilich kann entwickeln (und Menschen können aus der Phantasie zu leben beginnen), daß sie für die relative Raum-Zeit-Permanenz von Mustern und von Mustern der Muster leben und sterben müssen.

Das wäre vergleichbar unserem Wunsche, zu sterben, um unsere Schatten am Leben zu erhalten.

Denn die Gruppe kann nichts anderes sein als die Vielheit der Standpunkte und Aktionen ihrer Mitglieder. Dies bleibt auch da gültig, wo durch die Interiorisation der von jedem synthetisierten Vielheit diese ubiquitär im Raum und dauernd in der Zeit wird.

Es ist schon gut, daß der Mensch ein soziales Wesen ist, da allein Komplexität und Kontradiktion des sozialen Feldes, in dem er leben muß, so gewaltig sind. Auch die phantastischen Simplifikationen dieser Komplexität, von denen wir oben einige untersucht haben, ändern daran nichts.

Unsere Gesellschaft ist pluralistisch in mancherlei Hinsicht. Jeder einzelne ist wahrscheinlich Mitglied einer Anzahl von Gruppen, die nicht nur eine unterschiedliche Mitgliedschaft, sondern auch ganz unterschiedliche Formen des Zusammenschlusses haben können.

Jede Gruppe fordert eine mehr oder weniger radikale

innere Transformation von den Personen, aus denen sie besteht. Man betrachte die Metamorphosen eines einzelnen Menschen an einem einzigen Tage beim Übergang vom einen zum nächsten Modus der Sozialität – Familienvater, Funktionär in der Organisation, Freund. Dies sind nicht einfach verschiedene Rollen. Jeder Modus ist Vergangenheit, Gegenwart und Zukunft für sich; er bietet unterschiedliche Möglichkeiten und Zwänge, verschiedene Grade von Wandel oder Beharrung, verschiedene Arten von Nähe und Distanz, verschiedene Sortimente von Rechten und Pflichten, verschiedene Garantien und Aussichten.

Ich kenne keine Theorie des Individuums, welche das voll berücksichtigt. Die Versuchung ist groß, hier den Begriff einer angenommenen Basis-Personalität einzuführen; doch Nimbus-Effekte lassen sich nicht zurückführen auf *ein* inneres System. Der müde Familienvater im Büro und der müde Geschäftsmann zu Hause bezeugen die Tatsache, daß man nicht nur ein Sortiment von inneren Objekten, sondern *mehrere internalisierte soziale Existenzmodi*[4] von einem Kontext auf den anderen überträgt, die oft völlig unvereinbar sind.

Es gibt auch nicht konstante Emotionen oder Gefühle wie Liebe, Haß, Zorn, Vertrauen oder Mißtrauen. Selbst wenn generelle Definitionen (spezifisch und konkret) noch so abstrahiert werden – jede Emotion erfährt immer die eine oder andere Abwandlung, je nach dem Gruppenmodus, in welchem sie auftritt. Es gibt weder ›Basis‹-Emotionen noch -Instinkte noch eine ›Basis‹-Personalität außerhalb der Beziehungen, die eine Person

4 Siehe *Individual and Family Structure*, in: *Psychoanalytic Studies of the Family*, hg. von P. Lomasz, London 1966.

innerhalb des einen oder des anderen sozialen Kontextes hat.[5]

Dies ist ein Rennen gegen die Zeit. Möglicherweise ist eine weitere Transformation noch möglich, wenn Menschen soweit kommen können, sich selbst zu erfahren als ›EINER von UNS‹; wenn wir sogar bei krassestem Eigeninteresse noch realisieren können, daß ›wir‹ und ›sie‹ transzendiert werden müssen in die Totalität des Menschengeschlechts, falls wir bei ›ihrer‹ Vernichtung nicht uns alle vernichten wollen.

Mit Fortdauer des Krieges ähneln sich beide Seiten mehr und mehr. Der Uroborus beißt sich in den eigenen Schwanz. Das Rad dreht sich um die eigene Achse. Werden wir realisieren, daß ›wir‹ und ›sie‹ Schatten voneinander sind? ›Wir‹ sind ›sie‹ für ›sie‹, wie ›sie‹ für ›uns‹ ›sie‹ sind. Wann wird der Schleier gelüftet? Wann wird die Scharade zum Karneval? Heilige mögen immer noch Aussätzige küssen. Es ist hohe Zeit, daß der Aussätzige den Heiligen küßt.

5 Für dieses Kapitel verdanke ich vieles der *Critique de la raison dialectique* von J.-P. Sartre. Eine Zusammenfassung findet sich in: *Reason and Violence*, London 1964, von R. D. Laing und David Cooper.

V. Schizophrene Erfahrung

Jones (lacht laut, hält an): Ich bin McDougal. (Das ist natürlich nicht sein richtiger Name.)
Smith: Was treibst du, mein Junge? Arbeiten auf 'ner Ranch oder so?
J.: Nein, ich bin Seemann. Zivil. Halten mich für'n großen Macker.
S.: Ein spielendes Aufnahmegerät, was? Ich glaube, Aufnahmegeräte spielen manchmal. Wenn'se richtig eingestellt sind. Hm-hm. Ich dächte, das wär's. Mein Handtuch, mhm. Wir gehen wieder in See – so in acht oder neun Monaten erst. Wenn unsere – Schäden repariert sind. (Pause)
J.: Ich bin verknallt, heimlich.
S.: Heimlich, was? (Lacht)
J.: Jaa.
S.: Ich bin nicht heimlich verknallt.
J.: Ich bin verknallt, mach mich aber nicht ran – das sitzt da – sieht aus wie ich – läuft rum.
S.: Meine – oh – meine einzige, meine einzige Liebe ist der Hai. Geh ihm aus dem Weg.
J.: Wissen die nicht, daß ich ein Leben zu leben habe? (Lange Pause)
S.: Arbeitest du auf dem Flugplatz? Hm?
J.: Du weißt, was ich vom Arbeiten halte. Ich werde im Juni dreiunddreißig, wenn's recht ist.
S.: Im Juni?
J.: Dreiunddreißig im Juni. Das Zeug fliegt zum Fenster raus, wenn ich dieses Krankenhaus hinter mir geleben, äh – gelassen habe. Deshalb lasse ich das Rauchen. Ich

bin Räumlichkeit, aus dem äußeren Raum. Keine Scheiße.

S. (lacht): Ich bin wirklich ein Raumschiff von drüben.

J.: Eine Menge Leute sprechen, äh – als wenn sie übergeschnappt wären. Doch Glaub Es oder Nicht, von Ripley, nimm's oder laß es – es steht im *Examiner* bei den Comics, Glaub Es oder Nicht, von Ripley, Robert E. Ripley, Glaub Es oder Nicht. Wir brauchen aber gar nichts zu glauben, außer mir ist danach. (Pause) Alle kleinen Röschen – zuviel allein. (Pause)

S.: Wäre möglich. (Der Satz ist wegen Flugzeuglärms nicht zu verstehen.)

J.: Ich bin Seemann. Zivil.

S.: Wäre möglich. (Seufzt) Ich nehme ein Bad im Ozean.

J.: Baden stinkt mir. Weißt du warum? Weil du nicht aufhören kannst, wenn dir danach ist. Du bist im Dienst.

S.: Ich kann aufhören, wenn mir danach ist. Ich kann ausbrechen, wenn mir danach ist.

J. (gleichzeitig): Sieh dir mich an. Ich bin Zivilist, ich kann aufhören.

S.: Zivilist?

J.: Geh meinen – meinen Weg.

S.: Vermutlich haben wir im Hafen Zivil. (Lange Pause)

J.: Was wollen die mit uns?

S.: Hm?

J.: Was wollen die mit dir und mir?

S.: Was wollen die mit dir und mir? Wie soll ich wissen, was sie mit dir wollen? Ich weiß, was sie mit mir wollen. Ich habe das Gesetz gebrochen und muß dafür zahlen. (Stille)[1]

1 J. Haley, *Strategies of Psychotherapy*, New York 1963, S. 99 f.

Dies ist ein Gespräch zwischen zwei Personen, die als schizophren diagnostiziert worden sind. Was besagt diese Diagnose?

Wollte man das Gambit von Smith und Jones *primär* als Folge eines psychologischen Fehlers erklären, wäre das etwa zu vergleichen mit der Unterstellung: Wer auf einem Drahtseil dreißig Meter hoch über dem Boden ohne Netz einen Handstand auf einem Fahrrad macht, ist unfähig, auf seinen zwei Füßen zu stehen. Wir müssen uns fragen, warum diese Leute so ungewöhnlich, so schwer faßbar und so geschickt darin sind, sich andauernd unverständlich zu machen – und das oft so brillant.

In den letzten zehn Jahren haben sich in der Psychiatrie die Auffassungen radikal gewandelt. Daher kommt es, daß alte Voraussetzungen in Frage gestellt wurden, die auf dem Versuch von Psychiatern des 19. Jahrhunderts beruhten, ihre Beobachtungen in den Rahmen der klinischen Medizin zu pressen. Geisteskrankheit hielt man für das Thema der Psychiatrie. Man befaßte sich mit Geistesphysiologie und Geistespathologie, suchte Anzeichen und Symptome, machte Diagnosen, stellte Prognosen und verschrieb Behandlungen. Je nach philosophischer Richtung suchte man die Ätiologie der Geisteskrankheiten im Geiste, im Körper, in der Umwelt oder in den Erbanlagen.

Der Terminus ›Schizophrenie‹ wurde von dem Schweizer Psychiater Bleuler geprägt, der darüber gearbeitet hat. Wenn ich den Terminus ›Schizophrenie‹ benutze, meine ich damit nicht irgendeinen Zustand mehr geistiger als physischer Art oder eine Krankheit wie Pneumonie, sondern ein Etikett, mit dem etliche Leute andere Leute unter bestimmten sozialen Umständen versehen.

Den ›Grund‹ der ›Schizophrenie‹ kann man nicht finden durch eine Prüfung der prospektiven Diagnose allein, sondern durch eine des ganzen sozialen Kontextes, in welchem das psychiatrische Zeremoniell stattfindet.[2]
Nach dessen Demystifizierung ist zumindest soviel klar, daß einige Leute zu einem Verhalten und zu einer Erfahrung ihrer selbst und anderer kommen, welche den meisten Leuten (und ihnen selbst auch) fremd und unverständlich sind. Wenn solches Verhalten und solche Erfahrung in bestimmte Kategorien passen, wird auf einen Zustand diagnostiziert, den man Schizophrenie nennt. Nach derzeitigen Berechnungen paßt beinahe jeder hundertste Mensch irgendwann einmal vor seinem 45. Lebensjahr in diese Kategorie. In Großbritannien leben zur Zeit rund 60 000 Männer und Frauen in ›Heilanstalten‹ und noch viel mehr draußen, die man schizophren nennt.
Ein heute in Großbritannien geborenes Kind hat eine zehnmal größere Chance, in eine ›Heilanstalt‹ zu kommen als auf eine Universität. Bei fast jeder fünften Einlieferung in ›Heilanstalten‹ lautet die Diagnose auf Schizophrenie. Das kann als Zeichen dafür gewertet werden, daß wir unsere Kinder mehr in die Verrücktheit treiben als sie wirklich erziehen. Vielleicht ist es die Art unserer Erziehung, die sie verrückt macht.
Die meisten, wenn auch nicht alle Psychiater glauben heute noch, daß von ihnen ›schizophren‹ genannte Leute

2 Siehe H. Garfinkel, *Conditions of Successful Degradation Ceremonies*, in: *American Journal of Sociology*, LXI, 1956, S. 420 ff.; R. D. Laing, *Ritualisation in Abnormal Behaviour*, in: *Ritualisation of Behaviour in Animals and Man*, in: *Royal Society Philosophical Transactions*, Serie B (im Druck).

die Prädisposition geerbt haben, vorwiegend unverständlich zu agieren, und daß ein bisher unbekannter genetischer Faktor (möglicherweise ein genetischer Morphismus) mit einer mehr oder weniger normalen Umwelt transagiert, um biochemisch-endokrinologische Veränderungen zu induzieren, die wiederum das bewirken, was wir als Verhaltensanzeichen eines subtil-unterschwelligen organischen Prozesses beobachten. Es ist jedoch falsch, jemandem eine hypothetische Krankheit mit unbekannter Ätiologie und unentdeckter Pathologie anzuhängen – außer *er* kann es anders beweisen.[3]

»Ein Schizophrener ist jemand, der seltsame Erfahrungen hat und/oder seltsam agiert – vom normalen Standpunkt seiner Verwandten und von uns aus betrachtet [...]. Daß der diagnostizierte Patient an einem pathologischen Prozeß leidet, ist entweder Tatsache oder Hypothese, Vermutung oder Urteil. Es als Tatsache zu betrachten, ist eindeutig falsch. Es als Hypothese zu betrachten, ist legitim. Unnötig ist es, eine Vermutung zu äußern oder ein Urteil zu fällen. Wenn der Psychiater seine klinische Einstellung gewinnt in Gegenwart der noch nicht diagnostizierten Person, die er bereits als Patienten ansieht und anhört, kommt er leicht zu dem Glauben, sich in Gegenwart des ›Faktums‹ Schizophrenie zu befinden. Er handelt, als sei ihre Existenz ein gesichertes Faktum. Er muß dann ihren Grund oder ihre vielfachen ätiologischen Faktoren entdecken, die Prognose stellen und die laufende Behandlung festlegen. Das Herz der Krankheit residiert dann außerhalb des Betroffenen: die Krankheit wird als Prozeß verstanden, welchem die Person unterworfen ist oder

3 Siehe T. Szasz, *The Myth of Mental Illness*, London 1962.

sich unterzieht – sei er genetischer, konstitutioneller, endogener, exogener, organischer oder psychologischer Art oder eine Mischung aus all dem.«[4]

Viele Psychiater nähern sich jetzt mit viel mehr Vorsicht diesem Ausgangspunkt. Aber was könnte ihn ersetzen?

Um den neuen Ansatzpunkt zur Schizophrenie zu verstehen, wollen wir uns an die Geschichte von den sechs Blinden und dem Elefanten erinnern. Einer betastete den Rumpf des Elefanten und sagte, es sei eine Wand; ein anderer betastete ein Ohr und sagte, es sei ein Fächer; ein dritter betastete ein Bein und meinte, es sei eine Säule – und so weiter. Das Problem liegt in der Stichprobe, der Irrtum in der unvorsichtigen Extrapolation. Nach dem alten Verfahren wurden Stichproben vom Verhalten Schizophrener in klinischer Untersuchung gewonnen. Ich füge hier das Beispiel eines Untersuchungstyps der Jahrhundertwende an. Der Bericht stammt von dem deutschen Psychiater Emil Kraepelin: »Meine Herren, die Fälle, die ich Ihnen heute vorzustellen habe, sind eigenartig. Sie sehen zuerst ein Hausmädchen, vierundzwanzig Jahre alt, in deren Gesichtszügen und an deren Gestalt deutlich die Spuren starker Auszehrung zu erkennen sind. Dennoch ist die Patientin ständig in Bewegung, geht ein paar Schritte vor, dann wieder zurück; sie flicht ihr Haar, nur um es in der nächsten Minute wieder zu lösen. *Beim Versuch, ihre Bewegung zu stoppen,* stoßen wir auf unerwartet starken Widerstand: *Wenn ich mich mit ausgebreiteten Armen vor sie hinstelle,* um sie aufzuhalten, dreht sie sich plötzlich um und

4 R. D. Laing und A. Esterson, *Sanity, Madness and the Family*, Bd. I: *Families of Schizophrenics*, London 1964 und New York 1965, S. 4.

schlüpft unter meinen Armen durch, um ihren Weg fortzusetzen – falls sie mich nicht zur Seite schieben kann. *Wenn man sie festhält*, verzerren sich ihre normalerweise rigiden, ausdruckslosen Gesichtszüge unter erbärmlichem Weinen, das erst aufhört, wenn man sie wieder laufen läßt. Außerdem stellen wir fest, daß sie ein zerkrümeltes Stück Brot krampfhaft mit den Fingern ihrer linken Hand umklammert hält, das sie sich *auch mit Gewalt nicht abnehmen läßt.* Die Patientin kümmert sich nicht im geringsten um ihre Umgebung, solange wir sie in Ruhe lassen. *Wenn man ihr mit einer Nadel in die Stirn sticht,* zuckt sie kaum zusammen oder wendet sich ab; sie läßt die Nadel ruhig stecken, ohne sich dadurch in ihrer rastlosen raubtierhaften Wanderung vor und zurück stören zu lassen. *Auf Fragen* antwortet sie kaum, äußerstenfalls schüttelt sie den Kopf. Doch von Zeit zu Zeit stöhnt sie: ›Oh lieber Gott! Oh lieber Gott! Oh liebe Mutter! Oh liebe Mutter!‹, immer dasselbe wiederholend.«[5]

Ein Mann und ein junges Mädchen: Wenn man die Situation einfach von Kraepelins Standpunkt aus betrachtet, rückt alles sofort an seine Stelle. Er ist gesund, sie ist krank; er ist rational, sie ist irrational. Das bedeutet, die Aktionen der Patientin losgelöst vom Situationszusammenhang zu sehen, wie sie ihn erfahren hat. Wenn wir Kraepelins (kursiv gedruckte) Aktionen (er versucht, ihre Bewegungen zu stoppen; er stellt sich mit ausgebreiteten Armen vor sie; er versucht, ihr ein Stück Brot aus den Händen zu winden; er sticht ihr mit einer Nadel in die Stirn usw.) aus dem Situationszusammenhang

5 E. Kraepelin, *Vorlesungen über Klinische Psychiatrie*, 1896; englische Ausgabe: London 1906.

reißen, wie er ihn erfahren und definiert hat – wie außergewöhnlich sind sie dann!
Charakteristisch für die Wechselwirkung von Psychiater und Patient ist es, daß die Rolle des Patienten sehr seltsam anmutet, wenn man sie (bei der klinischen Beschreibung) aus dem Zusammenhang reißt. Die Rolle des Psychiaters jedoch wird geradezu als Prüfstein für unsere auf dem ›gesunden Menschenverstand‹ beruhende Ansicht von Normalität betrachtet. Der Psychiater als *ipso facto* Gesunder beweist, daß der Patient keinen Kontakt mit ihm hat. Die Tatsache, daß der Psychiater keinen Kontakt mit dem Patienten hat, beweist, daß etwas mit dem Patienten nicht stimmt – nicht aber, daß etwas mit dem Psychiater nicht stimmt.
Doch wenn man aufhört, sich mit der klinischen Haltung zu identifizieren, und das Paar Psychiater-Patient ohne diese Voreingenommenheit betrachtet, wird es schwierig, diese naive Ansicht zur Situation aufrechtzuerhalten.
Die Psychiater haben der *Erfahrung* des Patienten herzlich wenig Aufmerksamkeit geschenkt. Selbst in der Psychoanalyse gibt es eine beharrliche Tendenz, die Erfahrungen Schizophrener für unwirklich und ungültig zu halten. Man kann ihnen Sinn verleihen erst durch Interpretation; ohne wahrheitgebende Interpretation ist der Patient gefangen in einer Welt des Wahns und der Selbsttäuschung. Der amerikanische Psychologe Kaplan schreibt in der Einleitung zu einer ausgezeichneten Sammlung von Eigenberichten über die Erfahrung, psychotisch zu sein: »Mit aller Kraft auf seiner Seite reicht der Psychiater oder Psychoanalytiker durch die Ausflüchte und Verdrehungen des Patienten hindurch und

setzt sie dem Lichte von Vernunft und Einsicht aus. Bei dieser Begegnung von Psychiater und Patient verbindet der Psychiater seine Bemühungen mit Wissenschaft und Medizin, mit Verständnis und Fürsorge. Was der Patient erfährt, ist gebunden an Krankheit und Irrealität, an Perversität und Verdrehung. Der psychotherapeutische Prozeß besteht zu einem großen Teil darin, daß der Patient seine falschen subjektiven Perspektiven aufgibt zugunsten der objektiven des Therapeuten. Doch die Essenz dieser Konzeption ist es, daß der Psychiater versteht, was vorgeht, der Patient aber nicht.«[6]

H. S. Sullivan pflegte jungen Psychiatern zu sagen, wenn sie bei ihm antraten: »Bitte denken Sie daran, daß beim gegenwärtigen Zustande unserer Gesellschaft der Patient recht hat und Sie falsch liegen!« Das ist eine übertriebene Simplifizierung. Ich erwähne sie, um eine nicht weniger übertriebene Idee aufzulockern – die nämlich, daß der Psychiater recht hat und nicht der Patient. Ich meine jedoch, daß Schizophrene den Psychiatern mehr über die innere Welt beizubringen haben als Psychiater ihren Patienten.

Ein anderes Bild beginnt sich abzuzeichnen, wenn die Interaktion zwischen Patienten selbst unvoreingenommen untersucht wird. Einer der besten Beiträge dazu stammt von dem amerikanischen Soziologen Erving Goffman. Goffman war ein Jahr lang Assistent an einer großen »Heilanstalt« mit etwa 7000 Betten in der Nähe von Washington. Sein niederer Status im Stab ermöglichte es ihm, mit den Patienten zu fraternisieren, wie es höheren Rängen nicht möglich war. Eine seiner Schluß-

6 B. Kaplan (Hg.), *The Inner World of Mental Illness*, New York und London 1964, S. vii.

folgerungen lautet: »Ein altes Sprichwort besagt, daß man keine klare Linie zwischen normalen Leuten und Geisteskranken ziehen kann. Eher besteht ein Kontinuum, an dessen einem Ende der angepaßte Bürger und an dessen anderem Ende der unerfahrene Psychotiker stehen. Ich muß sagen, daß nach der Akklimatisationszeit in einer ›Heilanstalt‹ der Begriff ›Kontinuum‹ sehr vermessen klingt. Eine Gemeinschaft ist eine Gemeinschaft. Wie sie bizarr ist für Leute, die ihr nicht angehören, so ist sie natürlich, wenn auch ungewollt, für die, welche in ihr leben. Das System des Zusammenlebens von Patienten steht nicht am Ende von etwas – es bietet eher ein Beispiel menschlicher Assoziation, das man ohne Zweifel vermeiden sollte, das aber von einem Studenten mit anderen Beispielen von Assoziationen in seine Sammlung eingereiht werden sollte.«[7]

Ein großer Teil seiner Studie ist einer Dokumentation zu der Frage gewidmet: Wie kommt es, daß jemand, der in die Rolle des Patienten gesteckt wird, zumeist als Nicht-Agierender, als nichtverantwortliches Objekt gilt, entsprechend behandelt wird und selbst sogar dahin kommt, sich in diesem Lichte zu sehen?

Sieht man eine Person nicht außerhalb, sondern innerhalb ihres Kontextes, kann (wie Goffman auch zeigt) ganz unverständlich scheinendes Verhalten ganz normalen menschlichen Sinn haben, was man bisher bestenfalls mit intrapsychischer Regression oder Organzerfall erklären wollte. Er beschreibt solches Verhalten nicht »an« Patienten von »Heilanstalten«, sondern im Kontext personaler Interaktion und des betreffenden Sy-

7 E. Goffman, *Asylums. Essays on the Social Situation of Mental Patients and Other Inmates*, New York 1961, S. 303.

stems. »[...] das ist ein circulus vitiosus. Leute auf ›üblen‹ Stationen finden, daß sie zu wenig Einrichtungsgegenstände bekommen; Kleider können ihnen über Nacht fortgenommen werden, der Erholung dienendes Gerät kann einbehalten werden, das Mobiliar besteht nur aus schweren hölzernen Stühlen und Bänken. Akte der Auflehnung gegen die Institution müssen sich auf kleine, schlecht ausgedachte Einfälle beschränken – einen Stuhl auf den Fußboden stoßen oder auf eine Zeitung schlagen, daß es knallt. Je inadäquater diese Mittel zum Ausdruck einer Ablehnung der Anstalt sind, umso mehr erscheint der Akt als psychotisches Symptom und für umso berechtigter hält die Verwaltung ihre Entscheidung, den Patienten in eine ›üble‹ Station einzuweisen. Ein Patient in der Isolierzelle, nackt und ohne Ausdrucksmöglichkeiten, kann darauf angewiesen sein, seine Matratze zu zerreißen (falls möglich) oder mit Fäkalien an die Wand zu schreiben – Aktionen, für die man nach Meinung der Verwaltung in die Isolierzelle gehört.«[8]

In erster Linie jedoch werden Leute nach ihrem Verhalten draußen als schizophren diagnostiziert und dann erst in eine Anstalt aufgenommen.

Es gibt viele Studien über die Beziehung zwischen Sozialfaktoren und Schizophrenie. Man hat herauszufinden versucht, ob Schizophrenie verschieden häufig vorkommt je nach ethnischer Gruppe, sozialer Klasse, Geschlecht, Familienposition usw. des Patienten. Die Schlußfolgerung dieser Studien lautet oft: soziale Faktoren spielen keine signifikante Rolle in der ›Ätiologie der Schizophrenie‹. Das weicht dem Sachverhalt aus; überdies kommen solche Studien nicht nahe genug an die rele-

8 E. Goffmann, a.a.O., S. 306.

vante Situation heran. Wenn die Polizei feststellen will, ob ein Mann auf natürliche Weise gestorben ist, Selbstmord begangen hat oder ermordet worden ist, hält sie sich nicht mit Verbreitung und Vorkommen der Todesursachen auf. Sie untersucht die Umstände eines jeden einzelnen Falles der Reihe nach. Jede Untersuchung ist ein originäres Forschungsprojekt; es endet, wenn genügend Material beisammen ist, um die anstehenden Fragen zu beantworten.

Erst in den letzten zehn Jahren wurde die unmittelbare interpersonale Umwelt »Schizophrener« auf ihre Zwischenräume untersucht. Diese Arbeit wurde in erster Linie von Psychotherapeuten in Gang gesetzt unter dem Eindruck, daß bei *gestörten* Patienten oft deren Familien *störend* waren. Die Psychotherapeuten hielten aber an ihrer Technik fest, nicht die Familien selbst zu untersuchen. Zuerst konzentrierte man sich hauptsächlich auf die Mütter (die immer als erste für alles verantwortlich gemacht werden); eine »schizophrenogene« Mutter wurde postuliert, von der man annahm, sie verursache die Störung in ihrem Kinde.

Als nächstes wandte man sich den Männern dieser zweifellos unglücklichen Frauen zu, dann den elterlichen und den Kind-Eltern-Interaktionen (statt jeder einzelnen Person), dann der Kernfamilie aus Eltern und Kindern, und schließlich dem ganzen relevanten Netz von Leuten in der und um die Familie herum – einschließlich der Großeltern von Patienten. Als unsere eigenen Untersuchungen begannen, war dieser methodologische Durchbruch geschafft und außerdem ein größerer Fortschritt in der Theorie erreicht worden.

Dabei handelte es sich um die ›Doppelbindungs‹-Hypothese, deren Erfinder vor allem der Anthropologe Gregory Bateson war. Diese erstmals 1956 veröffentlichte Theorie[9] stellte einen Fortschritt ersten Ranges dar. Die Idee dazu kam Bateson bei der Erforschung Neuguineas in den dreißiger Jahren. Die Kultur Neuguineas hatte (wie alle Kulturen) eingebaute Techniken zur Aufrechterhaltung ihres inneren Gleichgewichts. Beispielsweise war sexueller Transvestismus eine Technik zur Neutralisierung gefährlicher Rivalität. Missionare und die okzidentale Verwaltung widersetzten sich jedoch solchen Praktiken. Die Kultur stand so vor dem Dilemma ihrer Zerstörung von außen oder ihres Zerfalls von innen.

Zusammen mit Wissenschaftlern in Kalifornien übertrug Bateson dieses Paradigma einer unauflösbaren »Man kann nicht gewinnen«-Situation (die besonders destruktiv für die Selbstidentität ist) auf die interne Kommunikationsstruktur von Familien diagnostizierter Schizophrener.

Untersuchungen der Familien von Schizophrenen in Palo Alto in Kalifornien, an der Yale University, am Pennsylvania Psychiatric Institute, am National Institute of Mental Health und anderswo haben alle gezeigt, daß der Diagnostizierte Teil eines größeren Netzes von außerordentlich gestörten und störenden Kommunikationsstrukturen ist. Soweit ich weiß, wurde dabei nirgendwo ein Schizophrener gefunden, dessen gestörte Kommunikationsstruktur sich nicht als Reflexion und Reaktion auf die gestörte und störende Struktur seiner oder ihrer Ursprungsfamilie erwiesen hätte. Dieses Er-

9 G. Bateson, D. D. Jackson, J. Haley, J. und J. Weakland, *Towards a Theory of Schizophrenia*, in: *Behavioural Science*, Bd. I, Nr. 251, 1956.

gebnis stimmt mit unseren eigenen Untersuchungen überein.[10]

In mehr als hundert Fällen haben wir[11] die Begleitumstände des sozialen Geschehens untersucht, wenn jemand für schizophren gehalten wird. Unserer Meinung nach stellen dabei *ohne Ausnahme* Erfahrung und Verhalten, wenn sie als schizophren gelten, *eine spezielle Strategie dar, die jemand erfindet, um eine unerträgliche Situation ertragen zu können.* In seiner Situation hat er erkannt, daß er sich in einer unhaltbaren Position befindet. Er kann keine Bewegung machen oder unterlassen, ohne widersprüchlichen und paradoxen Zwängen und Ansprüchen, Püffen und Schüben von innen (sich selbst) und außen (Umwelt) ausgesetzt zu sein. Er ist sozusagen mattgesetzt.

Diese Lage muß von den Beteiligten nicht unbedingt so wahrgenommen werden. Wer unten liegt, kann zu Tode gequetscht und erstickt werden, ohne daß es jemand merkt oder gar will. Die hier beschriebene Situation kann man nicht erkennen, wenn man die daran Beteiligten einzeln untersucht. Das soziale System muß Untersuchungsobjekt sein, nicht das Individuum, das man daraus extrapoliert.

Wir wissen, daß die Biochemie den sozialen Verhältnissen gegenüber hochempfindlich ist. A priori ist plausibel, daß die Situation des Mattgesetztseins eine biochemische Reaktion bewirkt, die ihrerseits bestimmte Erfahrungs- und Verhaltensweisen fördert oder erschwert. Das Verhalten des diagnostizierten Patienten

10 R. D. Laing und A. Esterson, *Sanity, Madness and the Family*, London 1964 und New York 1965.

11 David Cooper, A. Esterson und ich.

ist Teil eines viel größeren Netzes von gestörtem Verhalten. Widersprüche und Konfusionen, die vom Individuum ›internalisiert‹ werden, müssen in ihrem größeren sozialen Kontext gesehen werden. Irgend etwas ist irgendwo nicht in Ordnung; aber es kann nicht länger ausschließlich oder primär »in« dem diagnostizierten Patienten gesucht werden.

Hier geht es auch nicht um die Frage, vor wessen Tür gekehrt werden muß. Die unhaltbare Position, die »Man kann nicht gewinnen«-Doppelbindung, die Situation des Mattgesetztseins ist per definitionem für den Protagonisten *nicht durchsichtig*. Sehr selten nur handelt es sich dabei um vorbedachte, vorsätzliche und zynische Lügen oder um die skrupellose Intention, jemanden toll zu machen – obwohl auch das häufiger vorkommt, als man gewöhnlich annimmt. Wir haben Eltern gehabt, die uns erklärten, für ihr Kind sei es besser, verrückt zu sein, als die Wahrheit zu erkennen. Selbst hier begründen sie es damit, daß es für das Kind ›eine Gnade‹ sei, ›außer sich‹ zu sein. Eine Mattposition kann nicht mit wenigen Worten beschrieben werden. Man muß die ganze Situation erfaßt haben, bevor man sehen kann, daß keine Bewegung mehr möglich ist.

Mit diesem Vorbehalt gebe ich hier das folgende Beispiel einer Interaktion zwischen Vater, Mutter und ihrem zwanzigjährigen Sohn wieder, der sich von einer schizophrenen Episode erholte.[12] In jener Sitzung beharrte der Patient darauf, selbstsüchtig zu sein, während seine Eltern ihm das auszureden suchten. Der Psychiater bat ihn, ein Beispiel zu nennen für das, was er mit ›selbstsüchtig‹ meine.

12 R. D. Laing, *The Self and Others*, London 1961 und Chikago 1962.

Sohn: Nun, wenn meine Mutter mir manchmal was Gutes kocht und ich es nicht esse, weil ich keine Lust darauf habe.
Vater: Aber er war nicht immer so, wissen Sie. Er ist immer ein artiger Junge gewesen.
Mutter: Das kommt von seiner Krankheit, nicht wahr Doktor? Er war nie undankbar. Er war immer sehr höflich und wohlerzogen. Wir haben unser Bestes getan.
Sohn: Nein, ich war immer selbstsüchtig und undankbar. Ich habe keine Selbstachtung.
Vater: Aber doch!
Sohn: Ich könnte sie haben, wenn du mich achten würdest. Niemand achtet mich. Jeder lacht mich aus. Ich bin aller Welt ein Witz. Ich bin die Witzfigur, was soll's!
Vater: Aber mein Sohn, ich achte dich! Denn ich achte einen Mann, der sich selbst achtet.

Es wird kaum überraschen, daß dieser verschreckte Mann in einer seltsamen Lage sein mag bei dem Versuch, die unlösbar gegensätzlichen sozialen ›Kräfte‹, die ihn kontrollieren, unter seine Kontrolle zu bringen; daß er Inneres nach außen projiziert und Äußeres nach innen introjiziert; kurz: daß er sich mit allen verfügbaren Mitteln vor der Destruktion zu schützen versucht – durch Projektion, Introjektion, Isolierung, Verleugnung und so weiter.
Gregory Bateson schrieb in seiner brillanten Einleitung zu einer autobiographischen Darstellung von Schizophrenie aus dem 19. Jahrhundert: »Es könnte scheinen, als müsse der einmal in Psychose gestürzte Patient seinen Weg gehen. Er hat sich sozusagen auf eine Entdeckungsreise gemacht, die nur durch seine Rückkehr zur norma-

len Welt beendet wird; er kehrt zurück mit Einsichten, die verschieden sind von den Einsichten derer, die sich nie auf eine solche Reise gemacht haben. Einmal begonnen, könnte eine schizophrene Episode so festgelegt erscheinen wie eine Initiationszeremonie (Tod und Wiedergeburt), in welche der Novize durch seine Familie oder durch Zufall geriet, deren Verlauf aber weitgehend von einem endogenen Prozeß gesteuert wird. Im Sinne dieses Bildes stellt eine spontane Remission kein Problem dar. Sie ist nur das letzte und natürliche Ergebnis des totalen Prozesses. Erklärt werden muß aber die Tatsache, daß viele, die sich auf eine solche Reise machen, nicht mehr von ihr zurückkehren. *Treffen sie auf Verhältnisse in Familie oder Anstalt, die so stark fehlanpassend wirken, daß selbst die reichste und bestorganisierte halluzinatorische Erfahrung nichts mehr retten kann?*«[13]
Ich stimme im wesentlichen dieser Ansicht zu.

Eine Revolution ist unterwegs in bezug auf Gesundheit und Verrücktheit, und zwar innerhalb und außerhalb der Psychiatrie. Der klinische macht einem existentiellen und sozialen Standpunkt Platz.

Von einem idealen Aussichtspunkt auf der Erde aus beobachten wir eine Formation Flugzeuge in der Luft. Eine Maschine schert aus der Formation aus. Die ganze Formation aber kann auf falschem Kurs liegen. Die »aus der Formation« ausgescherte Maschine kann aus der Sicht der Formation abnormal, falsch oder »verrückt« fliegen. Doch die Formation selbst kann vom Standpunkt des idealen Beobachters aus falsch oder verrückt fliegen. Die aus der Formation ausgescherte Maschine kann

13 G. Bateson (Hg.), *Perceval's Narrative. A Patient's Account of his Psychosis*, Stanford 1961, S. xiii f.; Hervorhebung von mir.

auch mehr oder weniger als die Formation vom Kurs abgekommen sein.

Das Kriterium »aus der Formation« ist das klinisch-positivistische Kriterium. Das Kriterium »vom Kurs ab« ist das ontologische. Man muß sich gemäß diesen verschiedenen Parametern zwei Urteile bilden. Insbesondere darf man denjenigen, der »aus der Formation« heraus sein mag, nicht dadurch verwirren, daß man ihm sagt, er sei »vom Kurs ab«, wenn er es gar nicht ist. Ebensowenig darf man in den positivistischen Fehler verfallen und annehmen, eine Gruppe sei »auf Kurs«, weil sie »formiert« ist. Das war der Irrtum der Schweine von Gadara. Auch muß nicht, wer »aus der Formation« heraus ist, besser »auf Kurs« liegen als die Formation. Man sollte niemanden idealisieren, nur weil er als »außerhalb der Formation« stehend etikettiert ist. Man sollte auch keinen »außerhalb der Formation« Stehenden dazu überreden wollen, es sei am besten, in die Formation zurückzukehren. Wer »außerhalb der Formation« steht, ist oft voller Haß auf die Formation und fürchtet sich davor, der Sonderling zu sein. *Wenn die Formation selbst vom Kurs abgekommen ist, muß, wer wirklich »Kurs halten« will, die Formation verlassen.* Wenn man will, ist das ohne Gekreisch und ohne Geschrei möglich und ohne Terror gegenüber der ohnehin verschreckten Formation, die man verlassen muß. In der diagnostischen Kategorie des Schizophrenen gibt es viele Typen von Schafen und Böcken.

›Schizophrenie‹ ist eine Diagnose, ein Etikett, das einige Leute anderen Leuten anhängen. Das beweist nicht, daß der Etikettierte einem essentiell pathologischen Prozeß unbekannter Natur und Ursache unterworfen ist, der *in* seinem oder *in* ihrem Körper vor sich geht. Das bedeutet nicht, daß der Prozeß primär oder sekundär *psycho*pathologisch ist und *in* der *Psyche* des Betroffenen vor sich geht. Aber es etabliert ein soziales Faktum, daß der Etikettierte einer von »denen« ist. Leicht vergißt man, daß der Prozeß nur eine Hypothese ist, nimmt an, daß er ein Faktum ist, und kommt dann zu dem Urteil, daß er biologisch die Fehlanpassung fördert und daher pathologisch ist. Soziale Anpassung an eine funktionsgestörte Gesellschaft kann aber sehr gefährlich sein. Der perfekt angepaßte Bomberpilot stellt eine größere Bedrohung der Menschheit dar als der Schizophrene in der Anstalt mit dem Wahn, die Bombe sei in ihm. Unsere Gesellschaft selbst kann inzwischen biologisch funktionsgestört sein, und etliche Formen schizophrener Entfremdung von der Entfremdung der Gesellschaft können eine soziobiologische Funktion haben, die wir noch nicht erkennen. Das bleibt bestehen, selbst wenn ein genetischer Faktor zu einigen Arten schizophrenen Verhaltens prädisponieren sollte. Jüngste Kritik und neueste empirische Studien lassen diese Frage offen.[14]

Jung regte vor einigen Jahren als interessantes Experiment eine Untersuchung darüber an, ob das Syndrom der Psychiatrie latent in Familien angelegt ist. Mit den gleichen Methoden kann man wohl herausfinden, daß der ›Psychiatrose‹ genannte pathologische Prozeß eine beschreibbare Entität mit somatischen Korrelaten und psychischen Mechanismen ist, mit einer ererbten oder zumindest konstitutionellen Basis, einer natürlichen Geschichte und einer zweifelhaften Prognose.

14 Siehe z. B. Pekka Tienari, *Psychiatric Illnesses in Identical Twins*, Kopenhagen 1963.

Am tiefsten ging jüngst in der Psychiatrie der Versuch, die Grundkategorien und -voraussetzungen der Psychiatrie selbst neu zu definieren. Wir befinden uns heute in einem Übergangsstadium, in dem wir immer noch bis zu einem gewissen Grade alte Schläuche für neuen Wein verwenden. Wir müssen uns entscheiden, ob wir alte Termini mit neuem Sinn verwenden oder ob wir sie in den Abfalleimer der Geschichte werfen wollen.
Es gibt keinen solchen ›Zustand‹ wie ›Schizophrenie‹; doch das Etikett ist ein soziales Faktum und das soziale Faktum ein *Politikum.*[15] Das Politikum besteht in der bürgerlichen Gesellschaftsordnung darin, daß die etikettierte Person mit Definitionen und Konsequenzen belastet wird. Eine soziale Vorschrift rationalisiert eine Reihe von sozialen Handlungen, durch welche der Etikettierte von anderen annektiert wird, die rechtlich sanktioniert, medizinisch befähigt und moralisch verpflichtet sind, für den Etikettierten die Verantwortung zu übernehmen. Der Etikettierte wird nicht nur in eine Rolle, sondern in eine Karriere als Patient inauguriert durch die gemeinsame Aktion einer Koalition (einer ›Verschwörung‹) von Familie, Arzt, Beamten des Gesundheitsamtes, Psychiatern, Krankenschwestern, Sozialhelfern und oft auch Mitpatienten. Der ›Eingelieferte‹, etikettiert als Patient und ›Schizophrener‹, wird von seinem existentiellen und legalen Vollstatus als verantwortlich handelnder Mensch degradiert. Er kann sich nicht länger selbst definieren, darf seinen Besitz nicht behal-

15 T. Scheff, *Social Conditions for Rationality: How Urban and Rural Courts Deal with the Mentally Ill*, in: *Amer. Behav. Scient.*, März 1964. Ebenfalls T. Scheff, *The Societal Reaction to Deviants: Ascriptive Elements in the Psychiatric Screening of Mental Patients in a Mid-Western State*, in: *Social Problems*, Nr. 4, Frühjahr 1964.

ten und hat seine Entscheidungsfreiheit darüber abzugeben, wen er trifft und was er tut. Seine Zeit gehört nicht mehr ihm, und der Raum, den er einnimmt, ist nicht mehr der seiner Wahl. Nachdem er einem Degradierungszeremoniell[16] unterworfen worden ist (bekannt als psychiatrischer Untersuchung), wird er seiner bürgerlichen Freiheiten dadurch beraubt, daß man ihn in einer totalen Institution[17] (bekannt als ›Heilanstalt‹) einsperrt. Vollständiger und radikaler als sonstwem in unserer Gesellschaft wird ihm das Menschsein aberkannt. In der ›Heilanstalt‹ muß er bleiben, bis das Etikett ab ist oder modifiziert wird durch Zusätze wie ›gebessert‹ oder ›wiederangepaßt‹. Einmal ›schizophren‹, immer ›schizophren‹ – das ist die Tendenz der Ansichten.

Warum und wie kommt das? Und welche Funktion hat diese Prozedur bei der Aufrechterhaltung der bürgerlichen Ordnung? Man fängt gerade erst an, solche Fragen zu stellen; sie sind noch längst nicht beantwortet. Fragen und Antworten konzentrierten sich bisher auf die Familie als soziales Subsystem. Diese Arbeit muß jetzt sozial fortschreiten zum weiteren Verständnis der intern gestörten und störenden Kommunikationsstrukturen in Familien, der Doppelbindungs-Prozeduren, der Pseudo-Gegenseitigkeit und der (wie ich es nenne) Mystifikationen und unhaltbaren Positionen. Darüber hinaus muß untersucht werden, was all dies zu bedeuten hat im größeren Kontext der bürgerlichen Gesellschafts-

16 H. Garfinkel, *Conditions of Successful Degradation Ceremonies*, in: *American Journal of Sociology*, LXI, 1956.

17 E. Goffman, *Asylums. Essays on the Social Situation of Mental Patients and Other Inmates*, New York 1961.

ordnung – das heißt der *politischen* Ordnung, der Art und Weise, wie Menschen Kontrolle und Macht übereinander ausüben.

Einige als schizophren etikettierte Leute zeigen (nicht alle, nicht unbedingt) in Worten, Gesten und Aktionen (linguistisch, paralinguistisch und kinetisch) ein Verhalten, das ungewöhnlich ist. Manchmal drückt (nicht immer, nicht unbedingt) dieses ungewöhnliche Verhalten (das sich uns, den anderen, wie gesagt, optisch und akustisch manifestiert) absichtlich oder unabsichtlich ungewöhnliche Erfahrungen des Betroffenen aus. Manchmal scheinen (nicht immer, nicht unbedingt) diese ungewöhnlichen Erfahrungen, die sich durch ungewöhnliches Verhalten ausdrücken, Teile einer potentiell geordneten, natürlichen Sequenz von Erfahrungen zu sein. Diese Sequenz kann nur sehr selten zum Vorschein kommen, weil wir so stark beschäftigt sind mit der ›Behandlung‹ des Patienten durch Chemotherapie, Schocktherapie, *Milieu*therapie, Gruppentherapie, Psychotherapie, Familientherapie – jetzt manchmal am allerbesten und fortschrittlichsten auch durch alles zusammen.

Was wir manchmal bei *einigen* als schizophren etikettierten und ›behandelten‹ Leuten sehen, ist Verhaltensausdruck eines Erfahrungsdramas. Aber wir sehen dieses Drama verzerrt, und unsere therapeutischen Bemühungen verzerren es leicht noch mehr. Ergebnis dieser unglückseligen Dialektik ist eine *forme frustre* eines potentiell *natürlichen* Prozesses, den wir unterbinden.

Zur allgemeinen Charakterisierung dieser Sequenz werde ich *im Zusammenhang* über eine Erfahrungssequenz berichten. Ich muß dazu die Sprache der Erfahrung benutzen. Viele Leute meinen, ›subjektives‹ Geschehen in

›objektive‹ Terminologie übersetzen zu müssen, um wissenschaftlich zu sein. Wirklich wissenschaftlich sein heißt, in einem ausgewählten Realitätsbereich fundiertes Wissen haben. So werde ich im folgenden zur Beschreibung des Erfahrungsgeschehens die Sprache der Erfahrung benutzen. Ich werde auch nicht so sehr eine Serie einzelner Ereignisse beschreiben, sondern eine einzige Sequenz von verschiedenen Gesichtspunkten aus, und dazu werde ich eine Vielfalt von Idiomen benutzen. Vermutlich sieht dieser natürliche Prozeß, der unsere etikettierenden und gutwilligen therapeutischen Bemühungen verzerrt und hemmt, folgendermaßen aus:

Wir beginnen wieder mit der Spaltung unserer Erfahrung in anscheinend zwei Welten – eine innere und eine äußere.

Normalerweise wissen wir wenig von beiden und sind beiden entfremdet; vielleicht wissen wir noch ein wenig mehr von der äußeren als von der inneren. Die einfache Tatsache jedoch, daß wir zwischen innerer und äußerer Welt trennen müssen, läßt bereits einen historisch bedingten Bruch zum Vorschein kommen. Die innere Welt ist schon ihrer Substanz beraubt, die äußere ihrer Bedeutung.

Die ›innere‹ Welt braucht uns nicht unbewußt zu sein. Meistens realisieren wir nicht ihre Existenz. Doch viele Leute dringen in sie ein – unglücklicherweise ohne Führer und unter Verwechslung von äußeren mit inneren und inneren mit äußeren Realitäten. Im allgemeinen verlieren dann diese Leute die Fähigkeit, bei normalen Beziehungen angemessen zu funktionieren.

Das muß nicht so sein. Der Prozeß des Eindringens aus dieser Welt in *die andere* Welt und des Rückkehrens aus der anderen Welt in *diese* Welt ist so natürlich wie Sterben und Gebären oder Geborenwerden. Doch in unserer Welt des Schreckens und der Unkenntnis über die andere Welt überrascht es nicht, daß beim Zerbrechen der ›Realität‹ dieser Welt und Eindringen eines Menschen in die andere Welt dieser Mensch völlig verlassen und verängstigt ist – daß er bei anderen Menschen nur auf Verständnislosigkeit trifft.

Manche Leute dringen absichtlich, manche unabsichtlich in einen mehr oder weniger totalen inneren Raum, in eine mehr oder weniger totale innere Zeit ein – oder werden hineingeworfen. Wir sind sozial darauf trainiert, die totale Versenkung in den äußeren Raum und die äußere Zeit für normal und gesund zu halten. Versenkung in den inneren Raum und die innere Zeit gilt als antisozialer Rückzug, als Abweichung, als krankhaft, *per se* pathologisch und gewissermaßen diskreditierend.

Manchmal nach dem Durchgang durch das Spiegelglas, durch das Nadelöhr erkennt jemand das Gelände als seine alte Heimat wieder. Doch die meisten Leute sind jetzt im inneren Raum und in der inneren Zeit – um es gleich zu sagen – auf unbekanntem Gelände, sie fürchten sich und sind verwirrt. Sie sind verloren. Sie haben vergessen, daß sie schon einmal dagewesen sind. Sie greifen nach Schimären. Sie versuchen, Haltung zu bewahren durch Kompensierung ihrer Verwirrung, durch Projektion (Übertragung von Innerem nach außen) und Introjektion (Import von äußeren Kategorien nach innen). Sie wissen nicht, was los ist, und wahrscheinlich wird es ihnen niemand beibringen.

Wir wehren uns bereits heftig gegen das volle Ausmaß unserer egohaften Erfahrung. Um wieviel mehr reagieren wir dann wohl mit Entsetzen, Verwirrung und ›Abwehr‹ auf egolose Erfahrung. Es ist nichts wirklich Pathologisches an der Erfahrung des Ego-Verlustes; doch dürfte nur sehr schwer ein Lebenskontext zu finden sein für die Reise, auf die man sich vielleicht gemacht hat.

Wer in das ›Innere‹ eingedrungen ist, wird sich (wenn er dies erfahren darf) unterwegs finden auf einer Reise, die er unternimmt oder durch die man ihn führt – Aktiv ist da von Passiv nicht klar zu unterscheiden.

Diese Reise wird erfahren als ein Schreiten ins ›in‹, als ein Schreiten rückwärts durchs eigene Leben, in und zurück und durch und hinein in die Erfahrung der Menschheit, vielleicht weiter ins Wesen der Tiere, Pflanzen und Mineralien.

Auf dieser Reise gibt es viele Möglichkeiten, vom Wege abzukommen – Gelegenheiten zu Verwirrung, teilweisem Scheitern, endgültigem Schiffbruch; es gibt viele Schrecken, denen man entgegentreten muß und die man vielleicht überwältigt – vielleicht aber auch nicht.

Wir halten es nicht für eine pathologische Normabweichung, wenn jemand den Dschungel durchforscht oder den Mount Everest besteigt. Wir meinen, daß Kolumbus ein Recht auf Irrtum hatte bei der Konstruktion dessen, was er entdeckte, als er in die Neue Welt kam. Selbst mit dem nächstgelegenen Teil der unendlichen Bereiche des inneren Raumes haben wir weit weniger Kontakt als heute mit den Bereichen des äußeren Raumes. Wir achten den Reisenden, den Forscher, den Bergsteiger, den Raumfahrer. Für meine Begriffe ist es weitaus sinnvoller und außerdem dringender erforderlich, den inneren Raum und die innere Zeit des Bewußtseins zu erforschen. Vielleicht ist das eines der wenigen Dinge, die in unserem historischen Kontext noch Sinn haben. Wir haben so wenig Kontakt mit diesem Bereich, daß heute viele Leute ernsthaft behaupten können, er existiere gar nicht. Es ist kein Wunder, daß die Erforschung eines solchen verlorengegangenen Bereiches wirklich gefährlich ist. Die Situation, von der ich rede, ist präzise die, als wenn wir nicht die Spur einer Ahnung von all dem hätten, was wir die äußere Welt nennen. Was würde geschehen, wenn einige von uns mit dem Sehen, Hören, Tasten, Riechen und Schmecken von Dingen beginnen würden? Wir wären kaum verwirrter als einer, der zum ersten Male vage Anzeichen eines inneren Raumes und einer inneren Zeit wahrnimmt und dann darin eindringt. Dahin ist oft gegangen, wer in seinem Stuhle sitzt und als katatonisch gilt. Er ist gar nicht hier – er ist ganz dort. Er ist häufig im Irrtum über das, was er erfährt, und wahrscheinlich will er es gar nicht erfahren. Vielleicht ist er wirklich verloren. Nur sehr wenige von uns kennen das Gelände, auf dem er verlorenging, wissen, wie man ihn erreichen kann, und kennen den Weg zurück.

Keine Zeit in der Geschichte der Menschheit hat vielleicht so sehr den Kontakt mit dem natürlichen *Heil*prozeß verloren, der *manche* Leute einbezieht, die wir als schizophren bezeichnen. Keine Zeit hat ihn so abgewertet, keine ihn so behindert und zurückgehalten wie unsere eigene. Anstelle von ›Heilanstalten‹, einer Art von Reparaturwerkstätten für menschliche Zusammenbrüche, brauchen wir Orte, an denen weitergereiste und also vielleicht verlorenere Leute als Psychiater und andere Gesunde ihren Weg finden können – *weiter* hinein in den inneren Raum und die innere Zeit und wieder zurück.

Anstelle des *Degradierungs*zeremoniells aus psychiatrischer Untersuchung, Diagnose und Prognose brauchen wir für die dazu Bereiten (in psychiatrischer Terminologie oft jene, die auf dem Weg in einen schizophrenen Zusammenbruch sind) ein *Initiations*zeremoniell; durch dieses sollen sie bei voller sozialer Zustimmung und Unterstützung in den inneren Raum und die innere Zeit geleitet werden von Leuten, die bereits dort gewesen und zurückgekehrt sind. In der Psychiatrie würde das heißen: Ex-Patienten helfen zukünftigen Patienten, verrückt zu werden.

Erreicht wird dadurch eine Reise

I. von außen nach innen,

II. vom Leben in eine Art von Tod,

III. vom Vorgehen zum Zurückgehen,

IV. von zeitlicher Bewegung zu zeitlichem Stillstand,

V. von irdischer Zeit in äonische Zeit,

VI. vom Ego zum Selbst,

VII. von außerhalb (postnatal) zurück in den Schoß aller Dinge (praenatal);

und danach eine Rückreise

1. von innen nach außen,
2. vom Tod ins Leben,
3. von einer Rückwärtsbewegung wieder zu einer Vorwärtsbewegung,
4. von der Unsterblichkeit zurück zur Sterblichkeit,
5. von der Ewigkeit zurück zur Zeitlichkeit,
6. vom Selbst zu einem neuen Ego,
7. von kosmischer Fötalisierung zur existentiellen Wiedergeburt.

Die Übersetzung der obigen Elemente dieses vollkommen natürlichen und notwendigen Prozesses in den Jargon von Psychopathologie und klinischer Psychiatrie werde ich denen überlassen, die sich damit abgeben wollen. Vielleicht haben wir alle diesen Prozeß in der einen oder anderen Form nötig. Dieser Prozeß könnte eine zentrale Funktion haben in einer wahrhaft gesunden Gesellschaft.

In der Kürze habe ich nur wenig mehr als die Schlagzeilen für eine ausführliche Untersuchung und zum Verständnis einer natürlichen Sequenz von Sprungbrettern der Erfahrung geben können – einer Sequenz, die in manchen Fällen unterdrückt, verhüllt, verzerrt und behindert wird durch das Etikett ›Schizophrenie‹ mit seinen Konnotationen von Pathologie und seinen Konsequenzen einer Krankheit, die man heilen muß.

Vielleicht werden wir lernen, sogenannte Schizophrene anzuerkennen, die zu uns zurückgekehrt sind, und sie vielleicht nach Jahren nicht weniger zu achten als die oft nicht weniger verlorenen Renaissance-Forscher. Wenn die menschliche Rasse überlebt, werden in der Zukunft vermutlich Menschen auf unser aufgeklärtes Zeitalter zurückblicken wie auf eine Epoche der Dunkelheit. Sie werden vermutlich die Ironie dieser Situation mit mehr Vergnügen genießen können als wir. Die Ausgelachten sind wir. Sie werden erkennen, daß die von uns so genannte ›Schizophrenie‹ eine der Arten war, wie oft durch ganz gewöhnliche Leute das Licht durch Risse unserer allzu geschlossenen Gehirne zu brechen begann.

Schizophrenie war ein neuer Name für dementia praecox, ein langsame heimtückische Krankheit, von der man annahm, daß sie besonders junge Leute befalle und zu einer endgültigen Demenz führe.

Vielleicht können wir den jetzt alten Namen noch behalten und die etymologische Bedeutung hineinlesen: *Schiz* = ›gebrochen‹; *Phrenos* = ›Seele‹ oder ›Herz‹. Der Schizophrene ist in diesem Sinne jemand, dem das Herz gebrochen ist. Man weiß, daß selbst gebrochene Herzen zu reparieren sind, wenn wir das Herz dazu haben. Doch ›Schizophrenie‹ in diesem existentiellen Sinn hat wenig zu tun mit klinischer Untersuchung, Diagnose, Prognose und Therapie von ›Schizophrenie‹.

VI. Transzendentale Erfahrung

Wir leben in einer Zeit, in welcher der Boden schwankt und die Fundamente beben. Ich kann keine Antwort geben für andere Zeiten und andere Orte. Vielleicht war es immer so. Wir wissen, daß es für heute stimmt.
Unter diesen Umständen haben wir allen Anlaß, verunsichert zu sein. Der letzte Grund unserer Welt ist in Frage gestellt – wir aber stolpern in Löcher im Boden, fliehen in Rollen, Status, Identitäten, interpersonale Beziehungen. Wir versuchen, in Luftschlössern zu leben; denn es gibt keinen festen Boden im sozialen Kosmos, auf den man bauen könnte. Wir alle sind Zeugen davon. Jeder sieht zuweilen dasselbe Situationsfragment verschieden; oft interessieren wir uns für verschiedene Erscheinungen der ursprünglichen Katastrophe.
In diesem Kapitel möchte ich die transzendentalen Erfahrungen, die *zuweilen* in der Psychose durchbrechen, in Beziehung setzen zu den Erfahrungen des Göttlichen, welche der Ursprung aller Religion sind.
Im vorigen Kapitel habe ich erläutert, daß und wie einige Psychiater damit beginnen, ihre klinisch-medizinischen Kategorien aufzuweichen, mit denen sie an Verrücktheit herangehen. Wenn wir beginnen können, geistige Gesundheit und Verrücktheit in existentiell-sozialen Begriffen zu fassen, werden wir deutlicher sehen können, wieweit wir alle gemeinsamen Problemen konfrontiert sind und teilhaben an gemeinsamen Dilemmata.
Erfahrung kann man als krankhaft verrückt beurteilen oder als voller gesunder Mystik. Die Unterscheidung ist

nicht leicht. Von einem sozialen Standpunkt aus charakterisieren beide Urteile verschiedene Verhaltensweisen, die in unserer Gesellschaft als abweichend gelten. Leute verhalten sich so, weil ihre Erfahrung von sich verschieden ist. Auf die existentielle Bedeutung solch ungewöhnlicher Erfahrung möchte ich nun eingehen.

Psychotische Erfahrung geht über unseren Horizont, über unseren ›gesunden Menschenverstand‹.

In welche Regionen der Erfahrung führt sie hinein? Es ergibt sich ein Verlust der gewöhnlichen Grundlagen für den ›Sinn‹ dieser Welt, die uns gemeinsam sind. Alte Zwecke scheinen nicht länger verfolgbar zu sein; alte Bedeutungen sind sinnlos; die Unterscheidung zwischen Imagination, Traum und äußeren Perzeptionen scheint oft nicht mehr zu passen in der alten Weise. Äußeres Geschehen kann magisch heraufbeschworen, Träume können direkte Kommunikationen von anderen, Imagination kann objektive Realität zu sein scheinen.

Doch am radikalsten sind die ontologischen Fundamente erschüttert. Es gibt keine Hilfen – nichts, an das man sich halten könnte, außer vielleicht ein paar Wrackstücke, einige wenige Erinnerungen, Namen, Töne, ein oder zwei Objekte, die eine Verbindung herstellen mit einer Welt, die längst verloren ist. Die Leere ist vielleicht nicht leer. Vielleicht ist sie bevölkert von Visionen und Stimmen, Geistern, fremden Gestalten und Erscheinungen. Wer noch nie erfahren hat, wie substanzlos und blaß der Prunk äußerer Realität sein kann, der wird die sublimen und wunderlichen Wesen nicht realisieren, die sie verdrängen oder neben ihr existieren können. Er nimmt sie nicht wahr.

Wenn jemand verrückt wird, kommt eine Veränderung seiner Position in Relation zu allen Bereichen der Wirklichkeit zum Vorschein. Sein Erfahrungszentrum rückt vom Ego zum Selbst. Irdische Zeit wird beiläufig, nur die ›ewige‹ zählt. Der Verückte ist jedoch verwirrt. Er verwechselt Ego mit Selbst, Inneres mit Äußerem, Natürliches und Übernatürliches. Dennoch kann er oft durch seine Not und Desintegration hindurch für uns der Hierophant des Heiligen sein. Er ist ein Verbannter – ein Entfremdeter, ein Fremdling, der uns Signale sendet aus der Leere, in der er versinkt und die bevölkert sein mag von Wesen, von denen wir uns nichts träumen lassen. Sie werden als Dämonen und Geister bezeichnet, sie sind bekannt und tragen Namen. Er hat sein Gefühl des Selbst verloren, seine Sinne, seinen Platz in der Welt, wie wir sie kennen. Er sagt uns, er sei tot. Wir aber werden aufgeschreckt aus unserer bequemen Sicherheit durch diesen verrückten Geist, der uns heimsucht mit seinen Visionen und Stimmen, die so sinnlos zu sein scheinen und von denen wir ihn zu befreien, reinigen, heilen uns gedrängt fühlen.

Verrücktheit muß nicht unbedingt Zusammenbruch sein. Sie kann auch Durchbruch sein. Sie ist potentiell so sehr Befreiung und Erneuerung wie Versklavung und existentieller Tod.

Es gibt heute eine wachsende Anzahl von Berichten, die Leute gegeben haben, welche durch die Erfahrung der Verrücktheit hindurchgegangen sind.[1]

Das folgende ist Teil eines der wichtigen Berichte, die

1 Siehe z. B. die Anthologie *The Inner World of Mental Illness* (Hg. Kaplan), New York und London 1964; auch Morag Coate, *Beyond All Reason*, London 1964 und Philadelphia 1965.

Karl Jaspers in seiner *Allgemeinen Psychopathologie*[2] wiedergegeben hat:

»Ich glaube, daß ich die Krankheit selbst hervorgerufen habe. Bei dem Versuch, in eine jenseitige Welt einzudringen, stieß ich auf deren natürliche Wächter, die Verkörperungen meiner eigenen Schwächen und Fehler. Ich hielt diese Dämonen anfangs für niedere Bewohner einer jenseitigen Welt, die mich zum Spielball benützen konnten, weil ich mich unvorbereitet in diese Regionen begab und dort verirrte. Später hielt ich sie für abgespaltene Teile meines Geistes (Leidenschaftsformen), die im freien Raum in meiner Nähe existierten, sich von meinen Gefühlen ernährten. Ich glaubte, daß sie jeder andere Mensch auch besitze, sie aber durch den Schutz und glücklichen Betrug des persönlichen Existenzgefühls nicht wahrnimmt. Letzteres fasse ich auf als ein Kunstprodukt aus Erinnerungen, Gedankenkomplexen usw., eine nach außen schön vergoldete Puppe, in der nichts Wesentliches lebt. Bei mir war dieses persönliche Ich porös gemacht durch meine Bewußtseinsherabdämmerungen. Ich wollte mich dadurch einer höheren Lebensquelle näherbringen. Ich hätte zur Vorbereitung vorher lange Zeit hindurch ein höheres unpersönliches Selbst in mir zur Erweckung bringen müssen, denn ›Götterspeise‹ war nichts für sterbliche Lippen, sie wirkte zerstörend auf das tiermenschliche Selbst, zerspaltete es in seine Teile; diese bröckelten allmählich auseinander, die Puppe wurde geradezu mazeriert, der Körper geschädigt. Ich hatte zu früh den Zugang zu den ›Lebensquellen‹ erzwungen, der Fluch der ›Götter‹ kam auf mich herab.

2 Karl Jaspers, *Allgemeine Psychopathologie*, 7. Aufl., Berlin/Göttingen/Heidelberg 1959, S. 348–349.

Spät erst erkannte ich, daß trübe Elemente sich mitbeteiligt hatten, ich lernte sie kennen, nachdem sie zu große Macht schon hatten. Es gab keine Rettung mehr; jetzt hatte ich die Geisterwelt, die ich zu sehen wünschte. Die Dämonen stiegen aus dem Abgrund auf als die Hüter, als die Zerberusse, die keinen Unbefugten hereinlassen. Ich entschloß mich, den Kampf auf Leben und Tod aufzunehmen. Für mich bedeutete es zuletzt einen Entschluß zu sterben, denn nach meiner Meinung mußte ich alles hinwegtun, was den Feind erhält, aber dies war zugleich auch das, was das Leben erhält. Ich wollte in den Tod, ohne wahnsinnig zu werden, stand nun sozusagen der Sphinx gegenüber: Entweder du in den Abgrund oder ich! In diesem Moment kam die Erleuchtung, ich durchschaute die wahre Natur meiner Verführer durch die Enthaltung von Nahrung. Sie waren Zuhälter und zugleich Betrüger meines lieben persönlichen Ich, das mir jetzt ebenso nichtig wie sie vorkam. Und indem dann ein größeres und umfassenderes Ich auftauchte, war ich imstande, die bisherige Persönlichkeit mit ihrem gesamten Anhang aufzugeben. Ich sah, daß nicht diese bisherige Persönlichkeit die übersinnlichen Reiche betreten kann. Ein furchtbarer Schmerz gleich dem eines Vernichtungsschlages war die Folge, aber ich war gerettet, die Dämonen schrumpften ein, vergingen, starben. Für mich begann ein völlig neues Leben, ich fühlte mich von da ab anders als andere Menschen. Ein Ich wie sie es haben, bestehend aus konventionellen Lügen, Schein, Selbstbetrug, Erinnerungsbildern, hat sich bei mir auch wieder gebildet, aber dahinter und darüber stand stets ein größeres umfassenderes Ich, das mir den Eindruck des Ewigen, Unveränderlichen, Unsterblichen, Unbefleckbaren macht, das seitdem stets mein Schutz und meine Zuflucht gewesen ist. Ich glaube, daß es für viele Menschen von Vorteil wäre, wenn sie ein solches höheres Ich kennen würden, daß es Menschen gibt, die auf günstigeren Wegen zu einem solchen tatsächlich gekommen sind.«

Jaspers kommentiert das so: »Solche Selbstdeutungen stehen offensichtlich zugleich unter wahnhaften Tendenzen und tiefen geistigen Kräften. Sie sind ernstestem Erleben entsprungen. Die Fülle der schizophrenen Erlebnisse appelliert an den Beobachter so gut wie an den selbstreflektierenden Kranken, nicht bloß als chaotische Anhäufung von Inhalten genommen zu werden. Im kranken Seelenleben ist so gut wie im gesunden der Geist gegenwärtig. Deutungen dieser Art werden jedes kausale Moment abstreifen müssen, sie können nur die Inhalte erleuchten und in Zusammenhänge bringen.«

Dieser Patient hat mit einer Luzidität, wie ich es nicht besser könnte, ein Suchen beschrieben mit seinen Fallgruben und Gefahren. Jaspers nennt diese Erfahrung noch morbide und möchte der Konstruktion des Patienten nur teilweise trauen. Doch Erfahrung und Konstruktion können stimmig sein unter ihren eigenen Bedingungen.

Gewisse *transzendentale Erfahrungen* scheinen mir Ursprung aller Religionen zu sein. Manche Psychotiker haben transzendentale Erfahrungen. Oft hatten sie (zum Besten ihres Erinnerungsvermögens) nie zuvor solche Erfahrungen, und sie werden sie häufig auch nie wieder haben. Ich behaupte jedenfalls nicht, daß psychotische Erfahrung dieses Element deutlicher enthält als gesunde Erfahrung.

Wir erfahren auf verschiedene Weisen: wir nehmen äußere Realitäten wahr, wir träumen, sinnieren, haben halbbewußte Phantasien. Manche Leute haben Visionen, Halluzinationen, Gesichte und so weiter. Die meisten Leute erfahren die meiste Zeit sich und andere in der einen oder anderen Weise, die ich als *egoisch* bezeichnen möchte. Das heißt, sie erfahren zentral oder peripher die Welt und sich in Begriffen einer konsistenten Identität, eines ›Ich hier‹ gegenüber dem ›Du dort‹ – im Rahmen bestimmter Grundstrukturen von Raum und Zeit, die sie mit anderen Mitgliedern ihrer Gesellschaft teilen.

Die identitätsverknüpfte, raumzeitgebundene Erfahrung ist von Kant und später von den Phänomenologen Husserl, Merleau-Ponty u. a. philosophisch untersucht worden. Die historische und ontologische Relativität dieser Erfahrung sollte von jedem Beobachter der menschlichen Szene realisiert werden; ihre kulturelle und sozioökonomische Relativität ist zu einem Gemeinplatz geworden unter Anthropologen und zu einer Platitüde für Marxisten und Neomarxisten. Und doch gibt uns diese Erfahrung mit ihrer konsensuellen und interpersonalen Bestätigung einen Sinn für ontologische Sicherheit, deren Gültigkeit wir *erfahren* als Selbstbestätigung – obwohl wir metaphysisch-historisch-ontologisch-sozioökonomisch-kulturell wissen, daß ihre scheinbar absolute Gültigkeit eine Illusion ist.
In der Tat haben alle Religions- und Existentialphilosophien darin übereingestimmt, daß solch *egoische Erfahrung* eine vorübergehende Illusion ist, ein Schleier, eine Schicht von *Maja* – ein Träumen von Heraklit und Laotse, die fundamentale Illusion des ganzen Buddhis-

mus, ein Zustand des Schlafes, des Todes, sozial akzeptierter Verrücktheit, eine Lage, in die man zu sterben und aus der man geboren zu werden hat.

Wer durch Ego-Verlust oder transzendentale Erfahrungen geht, kann – muß aber nicht – auf verschiedene Art verwirrt werden. Dann würde man ihn legitimerweise als verrückt ansehen. Verrückt sein heißt aber nicht notwendigerweise krank sein, wenn auch in unserer Kultur die beiden Kategorien verwirrt worden sind: wer verrückt ist (was immer das sein mag), ist *ipso facto* krank (was immer das sein mag) – so glaubt man allgemein. Die Erfahrung, in die jemand absorbiert sein mag, während andere ihn schlicht für krankhaft verrückt halten, kann für ihn wahrhaft Manna vom Himmel sein. Sein ganzes Leben kann dadurch verändert werden. Doch fällt es schwer, die Gültigkeit einer solchen Vision nicht anzuzweifeln. Auch kehrt nicht jeder wieder zu uns zurück.

Sind diese Erfahrungen einfach Ausstrahlung eines pathologischen Prozesses oder einer außergewöhnlichen Entfremdung? Ich glaube das nicht.

In bestimmten Fällen kann einem von Geburt an Blinden durch Operation das Augenlicht gegeben werden. Das Ergebnis ist häufig Leid, Verwirrung, Desorientierung. Das Licht, welches dem Verrückten leuchtet, ist ein unirdisches Licht. Es ist nicht immer eine verzerrte Refraktion seiner irdischen Lebenssituation. Er kann erleuchtet sein vom Licht anderer Welten. Es kann ihn ausbrennen.

Diese ›andere‹ Welt ist essentiell kein Schlachtfeld, auf dem psychologische Kräfte in einen illusionären Kampf verwickelt sind – Kräfte, die hergeleitet oder abgelenkt, verschoben oder sublimiert worden wären von ihren ursprünglichen Objekt-Kathexes, wenn sie auch diese Realitäten genau wie die sogenannten äußeren Realitäten verdunkeln können. Wenn Iwan in den *Brüdern Karamasow* sagt: »Falls Gott nicht existiert, ist alles erlaubt«, sagt er damit *nicht*: »Falls mein Super-Ego in projizierter Form vernichtet werden kann, kann ich mit gutem Gewissen alles tun.« Er *sagt* aber: »Falls da nur mein Gewissen ist, gibt es keine letzte Gültigkeit für meinen Willen.«

Unter den Ärzten und Priestern sollte es einige geben, welche den Menschen herausführen können aus dieser Welt und einführen in die andere – ihn geleiten in sie und wieder zurückbringen aus ihr. Man betritt die andere Welt im Brechen einer Schale, durch eine Tür, durch eine Trennung, die Vorhänge teilen oder heben sich, ein Schleier wird gelüftet. Sieben Schleier – sieben Siegel, sieben Himmel.

Das ›Ego‹ ist das Instrument zum Leben in *dieser* Welt. Wenn das ›Ego‹ aufgebrochen oder zerstört wird (durch unüberwindbare Widersprüche in gewissen Lebenssituationen, durch Toxine, durch chemische Veränderungen usw.), kann der Mensch anderen Welten ausgesetzt werden, die in anderer Weise ›real‹ sind als das vertrautere Gelände von Träumen, Imagination, Perzeption oder Phantasie.

Die Welt, die man betritt, und die Fähigkeit, sie zu erfahren, scheinen teilweise abhängig zu sein vom Zustand des ›Ego‹.

Unsere Zeit ist mehr als durch irgend etwas anderes gekennzeichnet durch den Drang, die äußere Welt zu kontrollieren, und durch eine fast totale Außerachtlassung der inneren Welt. Wenn man die Evolution der Menschheit an der Kenntnis der äußeren Welt mißt, dann sind wir in vieler Hinsicht fortschrittlich. Nehmen wir die innere Welt als Maßstab und die Einheit von Innerem und Äußerem, dann muß das Urteil ganz anders ausfallen.

Phänomenologisch haben die Begriffe ›innen‹ und ›außen‹ wenig Validität. Aber in diesem ganzen Bereich ist man nur auf verbale Auswege angewiesen – Wörter sind einfach der Finger, der auf den Mond zeigt. Eine der Schwierigkeiten für ein Gespräch über diese Dinge liegt heute darin, daß die Existenz innerer Realitäten überhaupt in Frage gestellt wird. Mit ›innerlich‹ meine ich unsere Art, die äußere Welt zu sehen und all jene Realitäten, die keine ›äußere‹, ›objektive‹ Präsenz haben – Imagination, Träume, Phantasien, Trance-Zustände, Realitäten kontemplativer und meditativer Stadien, wovon der moderne Mensch meist nicht die leiseste Ahnung hat.

Beispielsweise wird nirgendwo in der Bibel über die *Existenz* von Göttern, Dämonen und Engeln diskutiert. Die Menschen haben zuerst nicht an Gott ›geglaubt‹ – sie haben seine ›Präsenz‹ erfahren wie die anderer geistiger Wesen. Es ging nicht um die Frage, ob Gott überhaupt existierte, sondern darum, ob dieser besondere Gott der höchste von allen oder der einzige war – und auch darum, in welcher Beziehung die einzelnen geistigen Wesen zueinander standen. Heute gibt es eine öffentliche Debatte nicht darüber, ob man Gott vertrauen kann, welchen Rang in der Hierarchie bestimmte Geister einnehmen usw., sondern darüber, ob Gott oder solche Geister *überhaupt* existieren oder je existiert haben. Gesundheit des Geistes scheint heute sehr weitgehend auf der Fähigkeit zu beruhen, sich der äußeren Welt anpassen zu können – der interpersonalen Welt, dem Reiche menschlicher Kollektivitäten.

Da diese äußere Welt des Menschen fast völlig und total entfremdet ist von der inneren, enthält schon jede direkte Bewußtheit der inneren Welt schwere Risiken.

Aber da die Gesellschaft, ohne es zu wissen, nach der inneren Welt *hungert*, ist die Nachfrage groß, ihre Präsenz ›sicher‹ heraufzubeschwören, d. h. in einer Weise, die man nicht ernst zu nehmen braucht; die Ambivalenz ist gleichermaßen stark. Es ist kein Wunder, daß die Liste der Intellektuellen so lang ist, die in den letzten 150 Jahren an diesen Riffen Schiffbruch erlitten haben – Hölderlin, John Clare, Rimbaud, Van Gogh, Nietzsche, Antonin Artaud u. a. m. Wer überlebte, hat außerordentliche Qualitäten bewiesen – eine Fähigkeit zu Verschwiegenheit, Schlauheit, Klugheit, eine durchaus realistische Einschätzung der einzugehenden Risiken nicht nur im geistigen Bereich, sondern auch in bezug auf den Haß der Mitmenschen auf jeden, der hier engagiert ist. *Heilen* wir sie: den Poeten, der eine reale Frau für seine Muse hält und danach handelt; den jungen Mann, der sich mit einer Jacht auf die Suche nach Gott macht.

Das Außen ohne Beleuchtung von innen befindet sich im Zustande der Dunkelheit. Wir leben in einem Zeitalter der Dunkelheit. Der Zustand äußerer Dunkelheit ist ein Zustand der Entfremdung vom *inneren Licht*.[3] Gewisse Aktionen führen zu größerer Entfremdung; andere helfen gegen so ferne Entrückung.

3 M. Eliade, *The Two and the One*, London 1965; insbesondere Kapitel I.

Der Möglichkeiten, vom Wege abzukommen, sind Legion. Verrücktheit ist keineswegs eindeutig. Die Gegen-Verrücktheit von Kraepelins Psychiatrie ist das exakte Gegenstück zur ›offiziellen‹ Psychose. Buchstäblich (und absolut ernsthaft) ist es genauso *verrückt*, wenn wir unter Verrücktheit jede radikale Entfremdung von der Totalität dessen verstehen, was vor sich geht. Denken wir an Kierkegaards ›objektives‹ Verrücktsein.

Wie wir die Welt erfahren, so agieren wir. Wir führen uns auf im Lichte unserer Ansicht von dem, was vor sich geht und was nicht vor sich geht. Jeder ist also ein mehr oder weniger naiver Ontologe. Jeder hat Ansichten von dem, was ist, und von dem, was nicht ist.

Es scheint mir kein Zweifel darüber zu bestehen, daß in den letzten tausend Jahren tiefgreifende Veränderungen in der Erfahrung des Menschen stattgefunden haben. In gewisser Weise sind sie evidenter als Veränderungen in seinen Verhaltensmustern. Alles deutet darauf hin, daß der Mensch Gott erfahren hat. Glaube war nie eine Frage des Vertrauens darauf, daß Gott existierte, sondern des Zutrauens in seine ›Präsenz‹, die erfahren wurde und von der man wußte, daß sie existierte als eine in sich gültige Gegebenheit. Wahrscheinlich erfahren weit mehr Leute in unserer Zeit weder die ›Präsenz‹ Gottes noch die ›Präsenz‹ seiner Absenz, sondern die Absenz seiner ›Präsenz‹.

Wir brauchen eine Geschichte der Phänomene – nicht einfach mehr Phänomene der Geschichte.

Wie die Dinge stehen, findet sich der säkulare Psychotherapeut in der Rolle des blinden Königs der Einäugigen.

Der Brunnen hat sein Spiel noch nicht beendet, die

Flamme leuchtet noch, der Fluß fließt noch, die Quelle plätschert fort, das Licht ist nicht fahl geworden. Aber zwischen *uns* und ihm ist ein Schleier von fünfzig Fuß festen Betons. *Deus absconditus.* Oder: *Absconditi sumus.*

Fast alles in unserer Zeit geht darauf aus, diese Realität zu kategorisieren und zu segregieren von objektiven Fakten. Dies präzise ist die Betonmauer. Intellektuell, emotional, interpersonal, organisatorisch, intuitiv, theoretisch müssen wir uns unseren Weg durch die feste Mauer sprengen – sogar auf das Risiko von Chaos, Verrücktheit und Tod hin. Denn von *dieser* Seite der Mauer aus ist dies das Risiko. Es gibt keine Sicherungen und keine Garantien.

Viele Leute sind bereit zu glauben – im Sinne eines wissenschaftlich ungeschützten Vertrauens auf eine ungeprüfte Hypothese. Nur wenige haben Zutrauen genug, um sie zu prüfen. Viele Leute wollen glauben machen, was sie erfahren. Nur wenige werden zum Glauben gebracht durch ihre Erfahrung. Paulus von Tarsus wurde am Genick gepackt, in den Abgrund geworfen und für drei Tage geblendet. Diese direkte Erfahrung war in sich gültig.

Wir leben in einer säkularen Welt. Zur Anpassung an diese Welt legt das Kind seine Ekstase ab. (»L'enfant abdique son extase«; Mallarmé.) Wenn wir unsere Erfahrung des Geistes verloren haben, erwartet man von uns, daß wir Glauben haben. Aber dieser Glaube bedeutet Vertrauen in eine Realität, die nicht evident ist. Es gibt ein Prophetenwort bei Amos, daß eine Zeit kommen wird, in der ein Hunger im Lande herrscht, »nicht ein Hunger nach Brot oder Durst nach Wasser, sondern nach dem Wort des Herrn zu *hören*«. Diese Zeit ist nun gekommen. Es ist unser Zeitalter.

Vom entfremdeten Ausgangspunkt unserer Pseudo-Gesundheit aus ist alles offen. Unsere Gesundheit ist nicht ›wahre‹ Gesundheit. Ihre Verrücktheit ist nicht ›wahre‹ Verrücktheit. Die Verrücktheit unserer Patienten ist ein Artefakt der Destruktion von uns an ihnen und von ihnen an sich selbst. Niemand sollte annehmen, daß wir auf mehr ›wahre‹ Verrücktheit treffen als auf wahre Gesundheit bei uns. Die Verrücktheit, der wir bei ›Patienten‹ begegnen, ist eine grobe Travestie, ein Hohn, eine groteske Karikatur dessen, was die natürliche Heilung jener entfremdeten Integration sein könnte, die wir ›geistige Gesundheit‹ nennen. Wahre Gesundheit bewirkt in der einen oder anderen Weise die Auflösung des normalen Ego, jenes falschen Selbst, das unserer entfremdeten sozialen Realität völlig angepaßt ist – und das Auftauchen des ›inneren‹ archetypischen Vermittlers, durch diesen Tod eine Wiedergeburt und die eventuelle Re-Etablierung einer neuen Art von Ego-Funktion. Das Ego ist nun Diener des Transzendenten und nicht mehr sein Verräter.

VII. Eine Zehntagereise

Jesse Watkins ist heute ein bekannter Bildhauer. Ich schätze mich glücklich, ihn zum Freunde zu haben.
Er wurde geboren am 31. Dezember 1899. 1916, während des Ersten Weltkriegs, heuerte er auf einem Tramper an. Seine erste Fahrt ging nach Nordrußland. Im selben Jahr wurde er im Mittelmeer torpediert. 1932 fuhr er auf einem Vollsegler.
Den Zweiten Weltkrieg (währenddessen er in der Royal Navy diente) beendete er als Commander und Kommodore von Küsten-Konvoys. Während seiner Zeit auf See erlebte er Schiffbruch, Meuterei und Mord.
Er zeichnet und malt seit seiner frühen Jugend; auch als er zur See fuhr, behielt er das bei. An Land besuchte er kurzfristig Kurse für Modellzeichnen am Goldsmiths' College und an der Chelsea Art School. Er schrieb und veröffentlichte auch Kurzgeschichten über die See.
Vor siebenundzwanzig Jahren durchlief Watkins eine ›psychotische Episode‹, die zehn Tage dauerte. Ich nahm eine Diskussion mit ihm darüber 1964 auf Tonband auf; Auszüge daraus werden hier vorgelegt.
Das Material spricht für sich. Es ist ein Bericht über seine Reise in den inneren Raum und die innere Zeit. Die generellen Aussagen sind nicht ungewöhnlich; ungewöhnlich ist es jedoch, solch einen luziden Bericht zu haben. Wenn die Ereignisse auch siebenundzwanzig Jahre zurückliegen, sind sie doch lebendig in seinem Geiste und bilden eine der signifikantesten Erfahrungen seines Lebens.

Die Präliminarien

Vor seiner ›Reise‹ war Jesse »in eine völlig neue Umgebung gezogen«. Er hatte sieben Tage die Woche gearbeitet bis spät in die Nacht. Er fühlte sich physisch, emotional und spirituell ›am Boden‹. Da es uns hier auf die Reise selbst ankommt, werden wir auf die früheren Umstände nicht weiter eingehen. Er wurde dann von einem Hund gebissen, und die Wunde wollte nicht heilen. Er ging ins Krankenhaus, wo er die erste volle Anästhesie seines Lebens bekam und die Wunde behandelt wurde.

Er fuhr mit dem Bus nach Hause zurück und setzte sich in einen Stuhl. Sein sieben Jahre alter Sohn kam ins Zimmer. Jesse sah ihn auf eine neue und fremde Weise, irgendwie unentfernt von sich.

Dann begann es.

Die Reise

»[. . .] plötzlich sah ich auf die Uhr und das Radio war an und dann spielte die Musik – hm – irgend etwas Bekanntes. Es basierte auf dem Rhythmus einer Tram. Taa-ta-ta-taa-taa – irgend etwas wie Ravels sich wiederholende Melodie. Und dann, als das passierte, hatte ich plötzlich das Gefühl, als ob die Zeit rückwärts liefe. Ich hatte das Gefühl, daß diese Zeit rückwärts lief, dieses außerordentliche Gefühl von – äh – das war das größte Gefühl, was ich in dem Moment hatte, daß die Zeit rückwärts lief [. . .].

Ich fühlte es so stark ich sah auf die Uhr und hatte

irgendwie das Gefühl daß die Uhr mich bestärkte daß die Zeit rückwärts lief obwohl ich nicht sehen konnte wie die Zeiger sich bewegten – ich fühlte mich unruhig weil ich plötzlich das Gefühl hatte als ob ich mich irgendwo auf einer Art Förderband bewegte – unfähig etwas dagegen zu tun, als wenn ich dahinglitt und hinunterrutschte eine – Schütte sozusagen und – äh – unfähig anzuhalten. Und – hm – das gab mir fast ein Gefühl der Panik – ich erinnere mich, daß ich in das andere Zimmer ging, um zu sehen, wo ich war, um mein eigenes Gesicht zu betrachten, und es gab keine Spiegel in dem Zimmer. Ich ging in das andere Zimmer und sah in den Spiegel; ich sah irgendwie fremd aus, ich schien irgend jemanden anzusehen der – irgend jemanden der vertraut war aber – äh – sehr fremd und anders als ich – wie ich fühlte – und dann hatte ich das außerordentliche Gefühl daß ich fähig war alles mit mir zu tun, daß ich ein Gefühl hatte, alle meine Fähigkeiten unter Kontrolle zu haben, Körper und alles sonst – und ich begann herumzulaufen.«

Man sieht das Alte und Vertraute auf neue und fremde Weise. Oft wie zum ersten Mal. Die alten Ankerplätze sind verloren. Man geht zurück in der Zeit. Man ist unterwegs auf der ältesten Reise der Welt.

»Meine Frau machte sich schwere – hm – Sorgen. Sie kam herein und sagte mir ich solle mich hinsetzen und ins Bett legen und weil sie unruhig war holte sie den Nachbarn herein. Er war ein Beamter und er war auch ein bißchen beunruhigt und er beruhigte mich, und ich lief auf ihn zu, und der Doktor kam – hm – und ich redete von all diesen Gefühlen in mir über die Zeit, die zurückging. Natürlich klang das für mich alles völlig rational, ich ging zurück und dachte daß ich zurückging in eine Art von früheren Existenzen, aber nur vage. Und sie betrachteten mich offenbar, als ob ich verrückt sei, ich konnte es fühlen – ich konnte den Blick in ihren Gesichtern sehen und ich fühlte daß es keinen Sinn hatte mit ihnen zu reden weil sie offensichtlich glaubten ich hätte die Kurve gekratzt, was vielleicht hätte stimmen können. Und – hm – und das nächste was kam war eine Ambulanz und ich wurde weggebracht [...].«

Er wurde in eine Beobachtungsstation gebracht.

»Ich wurde ins Bett gesteckt und – hm – ich erinnere mich an eine entsetzliche Erfahrung in jener Nacht, denn ich hatte das – hatte das Gefühl daß – hm – daß ich da – daß ich tot war. Und ich fühlte, da waren andere Leute in Betten um mich, und ich dachte, das wären alles andere Leute, die tot waren – und die waren da – warteten darauf, in die nächste Abteilung zu kommen [...].«

Er war nicht physisch tot, sondern sein ›Ego‹ war tot. Zusammen mit diesem Ego-Verlust, diesem Tod, kam das Gefühl einer gesteigerten Signifikanz und Relevanz aller Dinge. Ego-Verlust mag mit physischem Tod verwechselt werden. Projizierte Bilder aus dem eigenen Geiste mögen als Verfolger erfahren werden. Der eigene egolose Geist mag mit dem Ego verwechselt werden. Und so weiter. Unter solchen Umständen kann jemand Panik bekommen, paranoid werden mit Ideen von Beziehung und Einfluß, aufgeblasen werden mit Ideen von Grandeur usw. Etwas Verwirrung dieser Art braucht nicht beunruhigend zu sein. Doch wer kann sagen, daß er völlig ohne Angst vor dem Sterben ist oder daß er sich zum Sterben berechtigt fühlt?

»[...] dann ging ich in dieses – reale Gefühl von Regression in der Zeit. Ich hatte ganz außerordentliche Gefühle vom – Leben, nicht nur *Leben*, sondern – äh – Gefühl und – äh – Erfahrung, daß alles in Beziehung steht zu etwas, von dem ich fühlte, daß es – etwas wie animalisches Leben oder so war. Einmal schien ich wirklich in einer Art von Landschaft herumzuwandern mit – hm – Wüstenlandschaft – als ob ich ein Tier sei, ein – ziemlich großes Tier. Es klingt absurd wenn ich das sage aber ich fühlte mich als ob ich ein Rhinozeros oder etwas Ähnliches sei, dabei Laute ausstoße wie ein Rhinozeros zur gleichen Zeit verängstigt sei und zur gleichen Zeit aggressiv und auf der Hut. Und dann – hm – ging ich zurück in weitere Perioden der Regression als ich strampelte wie etwas ohne Gehirn und als ob ich gerade zu strampeln hätte um meine Existenz gegen andere Dinge, die sich mir in den Weg stellten. Und – hm – dann fühlte ich mich manchmal wie ein Baby – ich konnte sogar – ich – ich konnte mich sogar schreien hören wie ein Kind [...]. Alle diese Gefühle waren sehr brennend und – hm – real, und gleichzeitig war ich – hatte ich – war ich mir ihrer bewußt, wissen Sie, ich erinnere mich ihrer noch immer. Ich war mir der Dinge bewußt, die mir passierten – vage; ich war eine Art Beobachter meiner selbst und erfuhr auch. Ich hatte alle Arten von Gefühlen von – das klingt, weil es fast dreißig Jahre her ist, daß ich es erfahren habe, klingt es ein wenig verworren weil ich es aus meinem Gedächtnis hervorzerren muß aber ich möchte sehr genau sein daß ich nur exakt das erzähle was mir passiert ist und es nicht mit irgendeiner Art Imagination oder ähnlichem verschöne. Hm – ich fand, daß ich Zeiten hatte, in denen ich ganz aus diesem Zustand herauskam, in den ich hineingerutscht war, und dann hatte ich vergleichsweise luzide Zustände, aber ich las – ich las Zeitungen, weil sie mir Zeitungen und Dinge zu lesen gaben, aber ich konnte sie nicht lesen, weil alles, was ich las, eine Fülle von Assoziationen nach sich zog. Ich meine ich hatte gerade eine Schlagzeile gelesen und diese Schlagzeile würde – rief eine ganz andere Art von – viel weitere Assoziationen in meinem Geiste hervor. Das schien alles zu verdrängen was ich las und alles was irgendwie meine Aufmerksamkeit in Anspruch nahm schien alles zu verdrängen was ich las und alles was irgendwie meine Aufmerksamkeit in Anspruch nahm schien alles zu verdrängen, bang-bang-bang, wie das was mit einer Fülle von Assoziationen in die Dinge hineindrängte so daß es so schwierig für mich wurde mich damit auseinanderzusetzen daß ich nicht lesen konnte. Alles schien viel größere – sehr viel größere Bedeutung zu haben als normal. Ich bekam einen Brief von meiner Frau. Ich erinnere mich an den Brief, den sie mir schrieb, und sie sagte darin: ›Hier scheint die Sonne‹ – und – äh – ›Es ist ein schöner Tag‹. Das ist eine der Phrasen in dem Brief. Es gab eine Anzahl anderer Phrasen und ich kann mich nicht an alle erinnern und ich kann mich nicht an alle Phrasen in dem Brief erinnern die in mir Reaktionen hervorriefen, aber ich erinnere mich an diese eine. Sie sagte: ›Hier scheint die Sonne.‹ Und ich fühlte, daß, wenn dies so ist – daß dies ein Brief von *ihr* war, daß sie dann in einer ganz anderen Welt war. Sie war in einer Welt, die ich niemals wieder bewohnen könnte – und das alarmierte mich und ich fühlte daß ich fortgegangen war in eine Welt aus der ich nie wieder herauskommen könnte.«

Selbst wenn er bereits aus dem sicheren Hafen der eigenen, an diese Zeit und diesen Ort gebundenen Identität heraus ist, kann der Reisende noch immer sich *auch* dieser Zeit und dieses Ortes bewußt sein.

»Wissen Sie, ich war mir völlig meiner selbst und der Umwelt bewußt.«

Jesse fühlte, daß er die Kontrolle über seinen Körper verstärkt hatte und daß er auf andere einwirken konnte.

»[...] als ich ins Krankenhaus kam, wegen dieses Gefühls, dieses intensiven Gefühls, fähig zu sein, mich – hm – zu beherrschen, meinen Körper und so, sagte ich zu der Krankenschwester, die meinen Finger verbinden wollte: ›Sie brauchen sich nicht darum zu kümmern.‹ Ich nahm das Ding ab und sagte: ›Das wird morgen in Ordnung sein, wenn sie nichts daran machen und es so lassen.‹ Und ich erinnere mich ich hatte dieses schreckliche Gefühl daß ich das tun konnte und – es war – es war ein schlimmer Schnitt in meinem Finger. Ich erlaubte ihnen nicht, irgend etwas darauf zu tun, und sie sagten, nun gut, es blutet nicht und sie ließen's, und am nächsten Tag war es völlig geheilt, weil – es irgendwie – weil ich irgendwie intensive – äh – Aufmerksamkeit darauf verwandte, um das zu erreichen. Ich fand, daß ich – ich testete mich an dem Mann gegenüber in dieser Station, der manchmal sehr laut war, er pflegte aus dem Bett aufzustehen, hatte eine Anzahl schlimmer abdominaler Operationen hinter sich, und vermutlich hatte das auf ihn eingewirkt und wahrscheinlich seinen Zusammenbruch herbeigeführt. Aber er stand dauernd auf, fluchte und schrie und so weiter, und ich fühlte mich ein bißchen in Sorge um ihn und hatte Mitleid mit ihm, und ich setzte mich dann in meinem Bett auf und brachte ihn zum Hinlegen, indem ich ihn ansah und daran dachte, und er legte sich. Und um herauszufinden, ob dies – ob das ein – gerad ein Zufall war, hatte ich es gleichzeitig auch mit einem anderen Patienten versucht und fand, daß er – daß ich ihn zum Hinlegen bringen konnte.«

Ich würde nicht zu schnell diese Möglichkeiten außer acht lassen.

»Ich fühlte ich hatte – hm – Kräfte angebohrt von denen ich irgendwie vage gefühlt hatte daß ich sie hatte, oder daß jeder sie hatte, obwohl ich damals die meiste Zeit meines Lebens Seemann gewesen war, ich hatte nicht – ich hatte ein bißchen etwas gelesen wenn ich auf See war, aber ich hatte keine esoterische Literatur gelesen damals und auch heute noch nicht, ich hatte nichts gelesen was zusammenhing mit – äh – mit Ideen über Transmog – Transmigration von Seelen oder wie immer Ihr das nennt, Transmog – Transmig – Reinkarnation. Aber ich hatte zeitweise das Gefühl, vor einer großen Reise zu stehen, einer ganz – äh – phantastischen Reise, und es schien, daß ich ein Verständnis für Dinge bekommen hatte, die ich lange Zeit zu verstehen versucht hatte, Probleme von Gut und Böse und so weiter, und ich hatte sie so gelöst, daß ich mit all den Gefühlen, die ich zu der Zeit hatte, zu dem Schluß gekommen war, daß ich mehr war – mehr als ich mir immer vorgestellt hatte, nicht erst jetzt existierte, sondern existiert hatte von allem Anfang an – äh – in Form von – von der niedrigsten Lebensform bis heute, und daß dies die Summe meiner realen Erfahrungen war, und daß ich dabei war, sie wieder zu erfahren. Und dann hatte ich mit einem Mal diese Aussicht vor mir, als ob ich herabblickte auf – blickte auf ein enormes – oder besser auf all die – es war nicht so sehr ein *Blick* als das Gefühl – daß vor mir die schrecklichste Reise lag. Ich kann das nur als Reise beschreiben – eine Reise zur – hm – zur letzten Form – hm – des Bewußtseins von allem – von allem, und das – und der – und ich fühlte das so stark, es war solch eine erschreckende Erfahrung, das plötzlich zu fühlen, daß ich mich sofort davor verschloß, weil ich mich nicht damit beschäftigen konnte, weil es mich erzittern ließ. Ich – es trieb mich in einen Zustand der Angst, so sehr – ich war nicht in der Lage, es zu fassen.«

»Und die Aufgabe lag immer noch vor Ihnen?«

»Ja, die – das war das Enorme daran, daß ich – es war nicht zu vermeiden, dies – dem ich mich gegenüber sah – die Reise, auf die ich mich zu machen hatte. Ich hatte, ich vermute, weil ich religiös erzogen worden war, ich hatte – meine Mutter war religiös, nicht im kirchlichen Sinne, sondern religiös im – in einem irgendwie realen Sinne, hatte uns irgend etwas über Religion beizubringen versucht und – äh – die Einstellung zum Leben [...].«

Er hatte das ›besonders deutliche Empfinden‹, daß es drei Ebenen der Dinge gab: eine Vorzimmer-Ebene, eine zentrale Welt und eine höhere Welt. Die meisten Leute warteten im Vorzimmer darauf, in die nächste Abteilung zu kommen, die er jetzt betreten hatte:

»[...] es war eine Art Erwachen für sie. Ich bemerkte auch eine – hm – eine höhere Sphäre sozusagen. Ich meine, ich bin ziemlich vorsichtig mit solchen Wörtern, weil sie so oft gebraucht werden – Sie wissen, die Leute reden über Sphären und all diese Dinge, aber – äh – das einzige, was ich fühlte – und wenn ich diese Dinge beschreibe, beschreibe ich mehr Gefühle – äh – eine tiefere

Erfahrung als nur das Betrachten des Dings [...] das Bewußtsein von – hm – von einer anderen Sphäre, einer anderen Existenzschicht oberhalb der – nicht nur des Vorzimmers, sondern auch der gegenwärtigen – oberhalb der beiden, eine Art von dreischichtiger – hm – Existenz [...].«

»Welches war die unterste?«

»Die unterste war nur eine Art von Warten – wie ein Wartezimmer.«

Dies verband sich mit der Erfahrung der Zeit.

»Ich lebte nicht nur im – sich bewegenden Augenblick, in der Gegenwart, sondern ich bewegte mich und lebte in einer – in einer anderen Zeitdimension zusätzlich zu der, in welcher ich jetzt bin [...]. Ich möchte darauf hinweisen, daß ich keinerlei Ideologie hatte. Das einzig ideologische von dem, was ich Ihnen erzählt habe, war das Stück, als ich die Stationen des Kreuzwegs durchschritt, weil ich das damals mit einer Ideologie verband. Ich habe oft darüber nachgedacht, was ich in jener Zeit durchgemacht habe. Ich versuchte, dem eine Art von – hm – Sinn zu geben, weil ich fühle, daß es nicht sinnlos war – obwohl ich vermute, daß ich für die anderen um mich herum – äh – verrückt war insofern, als ich nicht in der gegenwärtigen Zeit lebte, und wenn ich nicht in ihr lebte, war ich also unfähig, mit ihr fertig zu werden. Doch die ganze Zeit über hatte ich dieses Gefühl der – äh – Rückbewegung – sogar rückwärts und vorwärts in der Zeit, daß ich nicht nur im gegenwärtigen Augenblick lebte. Und ich konnte viel leichter zurück als vorwärts gehen, denn die Vorwärtsbewegung war ein bißchen zu viel für mich.«

Eine solche Erfahrung kann außerordentlich verwirrend

sein und im Desaster enden. Es gibt keine Garantien. Jesse erfuhr drei Realitätsebenen statt der üblichen einen. Außer beim Durchschreiten der Stationen des Kreuzwegs hatte er keine Verbindung mit irgendeiner Ideologie. Er besaß keine Karte. Er vertraute jedoch seiner Erfahrung, in ein Stadium von mehr, nicht von weniger Realität, von *Super*-Sanitas, nicht von Sub-Sanitas eingedrungen zu sein. Für andere mögen diese beiden Möglichkeiten sich nicht anders unterscheiden wie Tag und Nacht. Er mußte vorsichtig sein.

»Ich fühlte – äh – Götter, nicht nur Gott, sondern gewissermaßen Götter, Wesen weit über uns, fähig – äh – mit der Situation fertig zu werden, mit der ich nicht fertig wurde, zuständig für die Dinge und den ganzen Betrieb und – hm – am Ende mußte jeder den Spitzenjob übernehmen. Und es war dieser Kram, der Nachdenken so verheerend machte, daß man irgendwann in seiner – äh – Existenz diesen Job übernehmen mußte, wenn auch nur für einen Moment, weil du dann die Erkenntnis von allem erreicht hattest. Was jenseits war, weiß ich nicht. Damals fühlte ich daß – hm – daß Gott selbst ein Verrückter war [...] weil er diese enorme Last hatte die Dinge zu kennen zu lenken zu leiten – hm – und daß wir alle dahin kommen und schließlich an den Punkt gelangen mußten wo wir das selbst zu erfahren hatten [...]. Ich weiß das klingt toll für Sie ist aber das was ich damals fühlte.«

»Sie meinen einen ›Verrückten‹ in dem Sinne, daß Leute für verrückt gehalten werden, die sich in einem Zustand befinden wie Sie sich damals?«

»Ja, das meinte ich damit, daß er – äh – verrückt war. Alles unter ihm oder alles untere das an den Punkt kam den er einnahm – äh – mußte ihn so behandeln weil er der eine war der den ganzen Laden schmiß in dem Moment – und da geht die – äh – die Reise hin und jeder einzelne von uns muß da durch, und – hm – alles – du kannst dich nicht davor drücken [. . .], der Zweck von allem und die ganze Existenz bestehen – äh – darin, dir zu ermöglichen, noch einen Schritt weiter zu gehen und noch einen Schritt und noch einen Schritt und so weiter [. . .].«

Jesse fühlte, daß diese Erfahrung ein Stadium war, welches jeder so oder so zu durchlaufen hatte, um ein höheres Stadium der Evolution erreichen zu können.

»[. . .] das ist eine Erfahrung, die – hm – wir in einem gewissen Stadium zu durchlaufen haben, doch war das nur eine; und – viel mehr – eine phantastische Anzahl von – hm – Dingen müssen auf uns einwirken, bis wir uns schrittweise zu einer Annahme von Realität aufraffen, einer größeren und größeren Annahme von Realität und dessen, was real existiert – und alles Ausweichen könnte höchstens – schindet nur Zeit und es ist gerade als wenn du mit einem Boot in See stechen würdest das nicht wirklich den Stürmen gewachsen ist die aufkommen können.«

Vielleicht fühlte er, daß er nicht mehr ›tragen‹ konnte. Er *entschloß* sich zur Rückkehr.

»Der Krankenpfleger erzählte mir, ich habe sie manchmal nicht zum Schlafen kommen lassen durch Quatschen. Und sie – sie sperrten mich in eine Gummizelle, und ich sagte: ›Sperrt mich hier nicht ein!‹, ich sagte, ›Ihr wißt‹, sagte ich, ›ich kann das nicht ertragen‹. Sie aber sagten: ›Wir müssen das versuchen, weil du so einen Krach machst, weißt du – durch Quatschen.‹ So sperrten sie mich da ein, und ich sagte: ›Laßt wenigstens die Tür offen!‹, da ließen sie die Tür offen. Ich erinnere mich, die Nacht hindurch gekämpft zu haben mit – mit etwas, das wollte – irgendeiner Art von – Neugierde und Bereitschaft, mich zu öffnen, um – hm – das – zu erfahren, und die Panik und die Unzulänglichkeit des Geistes würden mich das erfahren lassen. Und während jener Zeit durchschritt ich – durchschritt ich die Stationen des Kreuzwegs, obwohl ich niemals das war, was Sie einen religiösen Menschen nennen könnten – das bin ich auch heute nicht – und ich durchmaß all diese – all diese Gefühle. Die – all diese Erfahrung wurde – ging eine ganze Weile so weiter, und ich begann zu – sie gaben mir weiterhin Sedativa, damit ich schlief, und ich – eines Morgens entschloß ich mich, keine Sedativa mehr zu nehmen und mit diesem Kram aufzuhören, weil ich es nicht mehr ertragen konnte [...].«

Die Rückkehr

»Ich saß auf dem Bett, und ich dachte, irgendwo muß ich nun mein vorhandenes – äh – Selbst wiederfinden, und das ganz dringend. So saß ich auf dem Bett und ballte die Fäuste. Der Krankenpfleger war gerade dagewesen und hatte zu mir gesagt: ›Nimm das bitte!‹, und ich hatte gesagt: ›Ich werde nichts mehr nehmen, denn ich würde – je mehr ich davon nehme, desto weniger bin ich noch in der Lage, etwas zu tun – ich meine – wie ich gesagt habe, ich werde zugrunde gehen.‹ Und so saß ich auf dem Bett und ballte die Fäuste, und wie – in einem vermutlich unbeholfenen Versuch, mich mit meinem vorhandenen Selbst zu verbinden, sagte ich immer und immer wieder meinen Namen, und ganz plötzlich, geradeso wie – plötzlich erkannte ich, daß alles vorbei war. All die Erfahrungen hörten auf, und es war ein dramatisches – ein dramatisches Ende von all dem. Und es gab da einen Doktor, der war Marine – der war Admiralarzt – Admiralarzt gewesen, und er und ich hatten uns angefreundet, weil wir uns von Zeit zu Zeit über die See unterhalten hatten. Und der Krankenpfleger kam wieder und sagte: ›Du hast das nicht getrunken!‹, und ich sagte: ›Ich habe Ihnen doch gesagt, daß ich das nicht trinken werde!‹, und er sagte: ›Gut, dann muß ich den Doktor holen!‹, und ich sagte: ›Gut, holen Sie den Doktor!‹. Dann kam der Doktor, und ich sagte: ›Ich will keine Sedativa mehr!‹, sagte ich, ›ich bin sehr wohl in der Lage – wieder normal zu handeln‹, sagte ich, ›ich bin okay‹. Und er sah mich an und sah mir in die Augen und sagte: ›Oh‹, sagte er, ›ich seh's!‹ und lachte, und das war's. Und von dem Moment an hatte ich – nie wieder welche von diesen Empfindungen [...].« Jesse kam durch.

»Doch manchmal war es – verheerend, und es belastete meinen Geist so stark, daß ich fürchtete, es ginge wieder los [...]. Ich war [...] plötzlich etwas so viel Größerem konfrontiert, als ich es war, so vielen neuen Erfahrungen, so viel Erkenntnis, daß es nicht zu fassen war. Es war, als wenn man Weiches in einen Sack voll Nägel wirft [...].

Ich hatte nicht die Kraft, das zu erfahren. Ich erfuhr es für einen Augenblick oder für zwei, doch es war wie ein plötzlicher Licht- oder Windstoß oder was auch immer gegen dich, so daß du meinst, du bist zu nackt oder

allein, um dem widerstehen zu können, du bist nicht stark genug. Das ist wie ein Kind oder ein Tier, das sich plötzlich den Erfahrungen eines Erwachsenen konfrontiert sieht – oder sie zur Kenntnis nimmt, zum Beispiel. Der erwachsene Mensch hat eine Menge in seinem Leben erfahren, er hat allmählich seine Fähigkeit aufgebaut, das Leben zu erfahren und die Dinge zu sehen – und – äh – zu verstehen, sie sogar zu erfahren aus allen möglichen Gründen, aus ästhetischen, artistischen, religiösen, aus allen möglichen Gründen erfahren wir Dinge, die für – wenn ein Kind oder ein Tier, sagen wir, plötzlich diesen Dingen konfrontiert würde, könnte es sie nicht fassen, weil es nicht stark genug ist, weil es dazu nicht gerüstet ist. Und ich sah mich damals Dingen gegenüber, auf die ich nicht gefaßt und für die ich nicht gerüstet war. Ich war zu weich, ich war zu verwundbar.«
Ein Mensch in diesem Zustand kann ›schwierig‹ für andere sein, besonders wenn die ganze Erfahrung gewonnen wird im bizarr inkongruenten Kontext von ›Heilanstalten‹, wie sie heute sind. Der wahre Arzt würde den Leuten solche Erfahrungen zu haben erlauben, bevor sie zum Äußersten getrieben werden. Läßt man jemanden erst an Unterernährung sterben, bevor man ihm zu essen erlaubt? Jesse Watkins war jedenfalls glücklicher dran, als es viele Patienten heute sind; er scheint vergleichsweise nur leicht sedatiert und nicht mit Elektroschock, Unterkühlung usw. behandelt worden zu sein. Statt dessen wurde er einfach in eine Gummizelle gesperrt, wenn es den anderen zuviel wurde. Wenn Jesse es zu tun gehabt hätte mit ›modernen‹ Formen psychiatrischer ›Behandlung‹, wäre es wahrscheinlich ihm zuviel geworden.

»[...] ich würde – ich hatte das Gefühl als ob ich aufgeben würde und daß ich von allem nichts mehr wissen wollte mich aufrollen wollte zu existieren aufhören wollte. Ich hatte das Gefühl daß ich es nicht mehr ertragen konnte weil ich schon durch solch – durch soviel Furchtbares hindurchgegangen war, und ich vermute es kommt irgendwann ein Punkt an dem ein Mensch nur soviel ertragen kann und dann aufgibt weil er es nicht mehr ertragen kann. Und wenn ich es nicht mehr hätte ertragen können, hätte ich – ich weiß nicht was passiert wäre – vielleicht ein Gefühl plötzlichen Stillstands und alles, und wenn – wenn sie mir das angetan hätten ich weiß nicht wozu ich fähig gewesen wäre – wie ich damit hätte fertig werden können, nicht eingeschlossen zu werden in jenen Raum und – äh – natürlich der Raum selbst, ich meine mit seinen braunen Gummiwänden, dem Fußboden und all dem [...].«

Ich fragte ihn, welche Pflege man seiner Meinung nach während einer solchen Reise bereithalten sollte.

»[...] du bist wie ein Schiff im Sturm. Es wirft einen Notanker aus als Hilfe beim Abwettern des Sturmes, um den Bug im Wind zu halten; aber es gibt auch ein Gefühl von Geborgenheit – äh – für die an Bord, zu glauben, daß man einen Notanker hat, der nicht auf dem Meeresgrunde liegt, sondern Teil der See ist, und der – äh – einem zu überleben hilft, und solange sie glauben, daß sie überleben werden als Schiff, solange können sie die Erfahrung des Sturmes durchhalten. Allmählich beginnen sie zu – sie fühlen sich ganz wohl dabei, obwohl der Notanker sich losgerissen haben kann oder so. Ich habe das Gefühl, wenn jemals jemand zu – dies zu erfahren hat, daß er dann – well, eine Hand braucht er sozusagen für sich, die andere für die Erfahrung. Er wird nicht in der Lage sein zu – ich meine, wenn er überleben will – die Ebene zu verlassen, auf der er sich befindet [...] wegen all dem, was vorhergegangen ist, und allmählich hat er sich – äh – die notwendige Ausrüstung zugelegt, um mit der gegenwärtigen Situation fertig zu werden. Aber für mehr reicht es dann nicht, jedenfalls nicht für sehr viel mehr. Manche Leute sind besser gerüstet, andere schlechter – aber man muß irgendwie irgendeinen Notanker haben, – der einen an der Gegenwart hält – und an sich, wie man ist – um wenigstens ein wenig von dem erfahren zu können, was man erfahren muß.«

»Es sollten also Leute da sein, die nach dir sehen [...].«

»Leute, die dir glauben und die wissen, daß man nach dir sehen muß, die dich nicht abtreiben und sinken lassen würden. Es ist – hm – einfach eine Frage von – sehen Sie, ich habe das Gefühl, daß – daß diese Erfahrerei davon abhängt, ob und wie man seinen eigenen Geist ausbaut. Ich erinnere mich – um eine normale Analogie zu nehmen – als ich zum ersten Mal auf See ging, war ich ein kleiner Junge von sechzehn, und wir fuhren nach Nordrußland und erfuhren einige ganz außergewöhnliche Stürme, als die See über das Schiff wusch und das Schiff entsetzlich rollte, und es gab nichts zu essen, und ich hatte noch nie zuvor in meinem Leben etwas Ähnliches erfahren. Ich war auch nie in einem Internat gewesen, sondern immer zu Hause, hatte eine ganz gewöhnliche Schule besucht und mich nie weit von meiner Mutter entfernt. Der plötzliche Anprall des rauhen und entsetzlich furchterregenden Lebens war ein bißchen mehr, als ich damals ertragen konnte – und – aber dann, als ich allmählich mehr reinkam, begann ich, vor allem Mut zu haben – zu scheinen. Dann wurde ich dem allmählich gewachsen, und was mich manchmal tröstete, war die Tatsache, daß andere Leute es ertrugen, daß sie in dieser – äh – Umgebung lebten und daß es ihnen ganz gut zu gehen schien. Sie hatten kein Mitleid mit mir, niemand hatte Mitleid mit dir, du warst allein auf deine – äh – eigenen Kräfte angewiesen, um das aushalten zu können. Und ich hielt aus, und dann natürlich im Rückblick über die Jahre hin kann ich mich erinnern – manchmal wenn ich mich bei schweren Stürmen auf See sehr gefürchtet hatte – hm – dachte ich aber – dachte ich oft wenn sie vorbei waren daß ich nun aus Erfahrung mit ihnen fertig werden könne – aber ich dachte oft zurück an jene Zeiten als ich noch ein kleiner Junge war, als ich zum ersten Mal auf See ging, die erste Woche – denn während meiner ersten Woche auf See hatten wir einen ganz außergewöhnlichen Wind, einen Sturm, daß die Galley unter Wasser stand, es gab nichts zu essen, und alles war naß, und das Schiff rollte, und wir drohten abzusaufen und so – äh – ich war vor Angst starr, weil ich einfach nicht darauf vorbereitet war, damit fertig zu werden. Und vermutlich die nächste Analogie zu dem, was ich damals fühlte, war – äh – jene plötzliche Konfrontation mit diesem – enormen Wissen [...].«

»[...] ich glaube – äh – die zehn Tage und was ich durchgemacht habe damals, das hat mich sicherlich ein ganzes Stück weitergebracht. Und ich erinnere mich, als ich aus dem Krankenhaus kam, ich war insgesamt rund drei Monate dort, als ich herauskam, fühlte ich plötzlich, daß alles soviel wirklicher war, daß es – als es vorher gewesen war. Das Gras war grüner, die Sonne schien heller, die Leute waren lebendiger, ich konnte sie deutlicher sehen. Ich konnte Böses und Gutes sehen und all das. Ich war viel bewußter.«

Über diese und ähnliche Erfahrungen wäre einiges zu schreiben. Doch ich werde mich auf ein paar fundamentale Orientierungshilfen beschränken.

Wir können nicht länger unterstellen, daß eine solche Reise eine Krankheit ist, die behandelt werden muß. Die Gummizelle freilich ist heute durch ›verbesserte‹ Behandlungsmethoden überholt.

Wenn wir uns selbst demystifizieren können, sehen wir ›Behandlung‹ (Elektroschocks, Sedativa, Unterkühlung – manchmal sogar die Psychoanalyse) als Mittel, diese Sequenz zu verhindern.

Erkennen wir nicht, daß *diese Reise nicht etwas ist, von dem wir geheilt werden müßten, sondern daß sie selbst ein natürlicher Weg zur Heilung aus unserem schrecklichen Zustand der Entfremdung ist, den wir ›Normalität‹ nennen*?

Zu anderen Zeiten machten sich Leute absichtlich auf diese Reise. Oder wenn sie sich bereits unterwegs fanden, dankten sie nolens volens wie für eine besondere ›Gnade‹.

Auch heute noch brechen manche Leute freiwillig auf. Die Mehrheit freilich findet sich wahrscheinlich dadurch aus der ›normalen‹ Welt gedrängt, daß man in ihr in eine unhaltbare Position versetzt wird. Sie haben keine *Orientierung*[1] in der Geographie des inneren Raumes und der inneren Zeit, und ohne Führer werden sie wohl sehr schnell verloren sein.

1 »Orientierung« heißt wissen, wo der Orient ist; für den »inneren Raum« ist der Osten Ursprung oder Quelle unserer Erfahrung.

In Kapitel V habe ich verschiedene Charakteristika einer solchen Reise aufgezeichnet. Sie scheinen mit Jesse Watkins Erfahrung übereinzustimmen. (Als Jesse mir diesen Bericht gab, hatten wir noch nie über das Thema gesprochen, und er hatte noch keine Zeile von mir gelesen.) Doch das ist nur erst eine ungefähre Annäherung.[2] Jung hat hier den Boden bereitet, doch nur wenige sind ihm gefolgt.

Man möchte hoffen, daß die Gesellschaft eigens zu dem Zweck Stätten herrichten wird, Menschen durch die stürmischen Passagen einer solchen Reise zu helfen. Einen beträchtlichen Teil dieses Buches verwende ich jedoch darauf, zu zeigen, warum das unwahrscheinlich ist.

Bei dieser besonderen Art von Reise müssen wir die Richtung *zurück* und *rein* einschlagen; denn es war der Weg zurück, den wir runter und raus zu gehen begannen. Sie werden sagen, wir seien im Rückschritt, im Rückzug und ohne Kontakt mit ihnen. Es stimmt, wir haben einen sehr langen Rückweg vor uns, um wieder den Kontakt mit der Realität zu finden, den wir alle seit langem verloren haben. Und weil sie human sind und besorgt und sich erschrocken haben, werden sie versuchen, uns zu heilen. Das kann ihnen gelingen. Doch ist noch Hoffnung, daß es ihnen nicht gelingen wird.

2 Eine herrlich luzide autobiographische Beschreibung einer psychotischen Episode von sechs Monaten mit deutlicher Heilungsfunktion siehe bei Barbara O'Brien, *Operators and Things*, London 1958.

Nachbemerkung

Dieses Buch wurde geschrieben zwischen 1964 und 1967. Frühere Fassungen einzelner Kapitel wurden veröffentlicht oder als Vortrag gehalten:

Kapitel II: Dies ist die revidierte Fassung eines Vortrags vor dem 6. Internationalen Kongreß für Psychotherapie in London 1964 mit dem Titel *Practice and Theory: The Present Situation.* Abgedruckt in: *Psychother. Psychosom.*, 13, 1965, S. 58 ff.

Kapitel III: Ein Teil dieses Kapitels ist die revidierte Fassung einer Vorlesung am Institute of Contemporary Art in London 1964. Abgedruckt unter dem Titel *Violence and Love* in: *Journ. of Existentialism*, Jg. 5, 1965, Nr. 20; unter dem Titel *Massacre of the Innocents* in: *Peace News*, 1965, Nr. 1491.

Kapitel IV: Ein Teil dieses Kapitels ist die revidierte Fassung von *Series and Nexus in the Family* in: *New Left Review*, 1962, 15.

Kapitel V: Frühere Fassungen dieses Kapitels sind: *What is Schizophrenia?*, Vortrag vor dem 1. Internationalen Kongreß für Sozialpsychiatrie in London 1964; *What ist Schizophrenia?* in: *New Left Review*, 1964, 28; *Is Schizophrenia a Disease?* in: *Int. Journ. Soc. Psy.*, Jg. X, 1964, Nr. 3.

Kapitel VI: Dieses Kapitel geht zurück auf eine Ausarbeitung für den 1. Internationalen Kongreß für Sozialpsychiatrie in London 1964 mit dem Titel *Transcendental Experience in Relation to Religion and Psychosis*, abgedruckt in: *Psychedelic Review*, 1965, Nr. 6.

Kapitel VII: Dies ist die revidierte Fassung eines Artikels mit dem Titel *A Ten-Day Voyage*, der erschienen ist in: *Views*, 1965, Nr. 8.

Psychoanalyse, Psychologie, Sozialpsychologie in der edition suhrkamp

Analytische Sozialpsychologie. Herausgegeben von Helmut Dahmer. 2 Bde. es 953

Jean-Paul Aron/Roger Kempf: Der sittliche Verfall. Bourgeoisie und Sexualität in Frankreich. Aus dem Französischen von Agnes Bucaille-Euler, Birgit Spielmann und Gerhard Mahlberg. es 1116

Roberto Calasso: Die geheime Geschichte des Senatspräsidenten Dr. Daniel Paul Schreber. Aus dem Italienischen von Reimar Klein. es 1024

Der eingekreiste Wahnsinn. Mit Beiträgen von David Cooper, Jean Pierre Faye, Marie-Odile Faye, Michel Foucault, Marquis de Sade, Marine Zecca. Aus dem Französischen von Elke Wehr. es 965

Michel Foucault: Psychologie und Geisteskrankheit. Übersetzt von Anneliese Botond. es 272

Erich Fromm: Analytische Sozialpsychologie und Gesellschaftstheorie. es 425

Bernard Görlich/Alfred Lorenzer/Alfred Schmidt: Der Stachel Freud. Beiträge und Dokumente zur Kulturismus-Kritik. Mit Texten von Otto Fenichel, Th.W. Adorno, Max Horkheimer und Herbert Marcuse. Herausgegeben von Bernard Görlich. es 961

Erving Goffman: Asyle. Über die soziale Situation psychiatrischer Patienten und anderer Insassen. Aus dem Amerikanischen von Nils Lindquist. es 678

Félix Guattari: Psychotherapie, Politik und die Aufgaben der institutionellen Analyse. Vorwort von Gilles Deleuze. Aus dem Französischen übersetzt von Grete Osterwald. es 768

Ernst Kris: Die ästhetische Illusion. Phänomene der Kunst in der Sicht der Psychoanalyse. Aus dem Amerikanischen übersetzt von Peter Schütze. es 867

Ronald D. Laing: Phänomenologie der Erfahrung. Aus dem Englischen übersetzt von Klaus Figge und Waltraud Stein. es 314

Logik des Herzens. Die soziale Dimension der Gefühle. Herausgegeben von Gerd Kahle. es 1042

Peter Mahony: Der Schriftsteller Sigmund Freud. Aus dem Englischen von Helmut Junker. es 1484

Alexander Mitscherlich: Freiheit und Unfreiheit in der Krankheit. Studien zur psychosomatischen Medizin 3. es 505

– Krankheit als Konflikt. Studien zur psychosomatischen Medizin 2. es 237

– Die Unwirtlichkeit unserer Städte. Anstiftung zum Unfrieden. es 123

Tilmann Moser: Eine fast normale Familie. Über Theater und Gruppentherapie. es 1223

313/1/4.89

Psychoanalyse, Psychologie, Sozialpsychologie in der edition suhrkamp

Tilmann Moser: Der Psychoanalytiker als sprechende Attrappe. Eine Streitschrift. es 1404

– Repressive Kriminalpsychiatrie. Vom Elend einer Wissenschaft. Eine Streitschrift. es 419

– Romane als Krankengeschichten. Über Handke, Meckel und Martin Walser. es 1304

– Verstehen, Urteilen, Verurteilen. Psychoanalytische Gruppendynamik mit Jurastudenten. es 880

Tilmann Moser/Eberhard Künzel: Gespräche mit Eingeschlossenen. Gruppenprotokolle aus einer Jugendstrafanstalt. Tiefenpsychologische Analyse des Gruppenprozesses. es 375

Die Museen des Wahnsinns und die Zukunft der Psychiatrie. Herausgegeben von Manfred Max Wambach, Gert Hellerich und Wolfgang Reichel. Übersetzungen aus dem Französischen und Italienischen von Christa Schulz. es 1032

Tobie Nathan: Ideologie, Sexualität und Neurose. Eine Abhandlung zur ethno-psychoanalytischen Klinik. Vorwort von Georges Devereux. Aus dem Französischen übersetzt von Max Looser. es 975

William G. Niederland: Folgen der Verfolgung: Das Überlebenden-Syndrom Seelenmord. es 1015

Psychoanalyse der weiblichen Sexualität. Herausgegeben von Janine Chasseguet-Smirgel. Aus dem Französischen übersetzt von Grete Osterwald. es 697

Psychoanalyse im Wandel. Beiträge von Wolfgang Loch, Ursula Pohlmann, Otto F. Kernberg, Helm Stierlin, Paul Parin, Horst-Eberhard Richter, Peter Fürstenau. Herausgegeben und eingeleitet von Peter Kutter. es 881

Ginette Raimbault: Kinder sprechen vom Tod. Klinische Probleme der Trauer. Aus dem Französischen übersetzt von Rainer Harnisch. es 993

Marguerite Sechehaye: Tagebuch einer Schizophrenen. Selbstbeobachtungen einer Schizophrenen während der psychotherapeutischen Behandlung. Aus dem Französischen übersetzt von Eva Moldenhauer. es 613

Was ist Psychiatrie? Herausgegeben von Franco Basaglia. Aus dem Italienischen von Anneheide Ascheri-Osterlow. es 708

313/2/4.89

Soziologie, Ethnologie, Anthropologie in der edition suhrkamp

Theodor W. Adorno: Gesellschaftstheorie und Kulturkritik. es 772
– Kritik. Kleine Schriften zur Gesellschaft. Herausgegeben von Rolf Tiedemann. es 469
Alter und Alltag. Herausgegeben von Gerd Göckenjan und Hans-Joachim von Kondratowitz. es 1467
Arbeitslosigkeit in der Arbeitsgesellschaft. Herausgegeben von Wolfgang Bonß und Rolf G. Heinze. es 1212
Die armen Frauen. Frauen und Sozialpolitik. Herausgegeben von Ilona Kickbusch und Barbara Riedmüller. es 1156
Authentizität und Betrug in der Ethnologie. Herausgegeben von Hans Peter Duerr. es 1409
Ulrich Beck: Gegengifte. Die organisierte Unverantwortlichkeit. es 1468
– Risikogesellschaft. Auf dem Weg in eine andere Moderne. es 1365
Beiträge zur Soziologie der Gewerkschaften. es 905
Anton Blok: Die Mafia in einem sizilianischen Dorf. 1860-1960. Eine Studie über gewalttätige bäuerliche Unternehmer. Übersetzt von Holger Fliessbach. es 1082
Gernot Böhme: Anthropologie in pragmatischer Hinsicht. Darmstädter Vorlesungen. es 1301
Pierre Bourdieu: Gesprochenes. Aus dem Französischen von Bernd Schwibs. es 1547
– Die politische Ontologie Martin Heideggers. Aus dem Französischen von Bernd Schwibs. es 1514
Silvia Bovenschen: Die imaginierte Weiblichkeit. Exemplarische Untersuchungen zu kulturgeschichtlichen und literarischen Präsentationsformen des Weiblichen. es 921
Hauke Brunkhorst: Der Intellektuelle im Land der Mandarine. es 1403
Stanley Cohen/Laurie Taylor: Ausbruchsversuche. Identität und Widerstand in der modernen Lebenswelt. Aus dem Englischen übersetzt von Thomas Lindquist. es 898
Hans-Ulrich Deppe: Krankheit ist ohne Politik nicht heilbar. Zur Kritik der Gesundheitspolitik. es 1391
Takeo Doi: Amae. Freiheit in Geborgenheit. Zur Struktur japanischer Psyche. Mit einem Vorwort von Elmar Holenstein. Aus dem Amerikanischen von Helga Herborth. es 1128
Anne Drescher/Josef Esser/Wolfgang Fach: Die politische Ökonomie der Liebe. Ein Essay. es 1341
Franz Dröge/Thomas Krämer- Badoni: Die Kneipe. Zur Soziologie einer Kulturform oder »Zwei Halbe auf mich!«. es 1380
Hans Peter Duerr: Satyricon. Essays und Interviews. es 1346

305/1/4.89

Soziologie, Ethnologie, Anthropologie in der edition suhrkamp

Hans-Peter Duerr: Traumzeit. Über die Grenze zwischen Wildnis und Zivilisation. es 1345

Die wilde Seele. Aufsätze zur Ethnopsychoanalyse Georges Devereux'. Herausgegeben von Hans Peter Duerr. es 1235

Norbert Elias: Humana conditio. Beobachtungen zur Entwicklung der Menschheit am 40. Jahrestag eines Kriegsendes (8. Mai 1985). es 1384

Norbert Elias/Wolf Lepenies: Zwei Reden anläßlich der Verleihung des Theodor W. Adorno-Preises 1977. es 954

Entwurf zu einer Empirie des Alltagsbewußtseins. Thomas Leithäuser, Birgit Volmerg, Gunther Salje, Ute Volmerg, Bernhard Wutka. es 878

Josef Esser: Gewerkschaften in der Krise. Die Anpassung der deutschen Gewerkschaften an neue Weltmarktbedingungen. es 1131

Jeanne Favret-Saada: Die Wörter, der Zauber, der Tod. Der Hexenglaube im Hainland von Westfrankreich. Aus dem Französischen übersetzt von Eva Moldenhauer. es 981

Ute Gerhard: Verhältnisse und Verhinderungen. Frauenarbeit, Familie und Rechte der Frauen im 19. Jahrhundert. Mit Dokumenten. es 933

Uta Gerhardt: Patientenkarrieren. Eine medizinsoziologische Studie. es 1325

Gerd Göckenjan: Kurieren und Staat machen. Gesundheit und Medizin in der bürgerlichen Welt. es 1309

Erving Goffman: Asyle. Über die soziale Situation psychiatrischer Patienten und anderer Insassen. Aus dem Amerikanischen von Nils Lindquist. es 678

– Geschlecht und Werbung. Aus dem Amerikanischen von Thomas Lindquist. es 1085

Jürgen Habermas Legitimationsprobleme im Spätkapitalismus. es 623

– Theorie des kommunikativen Handelns. 2 Bde. es 1502

Hartmut Häußermann/Walter Siebel: Die Zukünfte der Städte. es 1432

»Hauptsache, ich habe meine Arbeit«. Mit Beiträgen von Henri Bents, Hans-Hermann Braune, Birgit Geissler, Dierk Juelich, Enno Neumann, Mechthild Oechsle und Rainer Zoll. Herausgegeben von Rainer Zoll. es 1228

Gunnar Heinsohn/Rolf Knieper/Otto Steiger: Menschenproduktion. Allgemeine Bevölkerungstheorie der Neuzeit. es 914

Irmela Hijiya-Kirschnereit: Das Ende der Exotik. Essays zur japanischen Kultur und Gesellschaft der Gegenwart. es 1466

Marie Jahoda/Paul F. Lazarsfeld/Hans Zeisel: Die Arbeitslosen von Marienthal. Ein soziographischer Versuch über die Wirkungen langandauernder Arbeitslosigkeit. Mit einem Anhang zur Geschichte der Soziographie. es 769

305/2/4.89

Soziologie, Ethnologie, Anthropologie in der edition suhrkamp

Ann Jones: Frauen, die töten. Aus dem Amerikanischen von Ebba D. Drolshagen. es 1350

Jugend und Kriminalität. Kriminologische Beiträge zur kriminalpolitischen Diskussion. Herausgegeben von Horst Schüler-Springorum. es 1201

Das Kibbutz-Modell. Bestandsaufnahme einer alternativen Wirtschafts- und Lebensform nach sieben Jahrzehnten. Herausgegeben und mit einer Einleitung versehen von Gunnar Heinsohn. es 998

Kindheit als Fiktion. Von Heinz Hengst, Michael Köhler, Barbara Riedmüller, Manfred Max Wambach. es 1081

Kindheit in Europa. Zwischen Spielplatz und Computer. Herausgegeben von Heinz Hengst. es 1209

Thomas Kleinspehn: Warum sind wir so unersättlich? Über den Bedeutungswandel des Essens. es 1410

Kritische Theorie und Öffentlichkeit. Herausgegeben von Rainer Erd. es 1557

Kritische Theorie und Studentenbewegung. Herausgegeben von Wolfgang Kraushaar. es 1517

Rüdiger Lautmann: Der Zwang zur Tugend. Die gesellschaftliche Kontrolle der Sexualitäten. es 1189

Henri Lefèbvre: Einführung in die Modernität. Zwölf Präludien. Aus dem Französischen übersetzt von Bernd Schwibs. es 831

Thomas Leithäuser/Birgit Volmerg: Anleitung zur empirischen Hermeneutik. Psychoanalytische Textinterpretation als sozialwissenschaftliches Verfahren. es 972

Claude Lévi-Strauss: Das Ende des Totemismus. Aus dem Französischen übersetzt von Hans Naumann. es 128

– Mythos und Bedeutung. Fünf Radiovorträge. Gespräche mit Claude Lévi-Strauss. Herausgegeben von Adelbert Reif. es 1027

Die Listen der Mode. Herausgegeben von Silvia Bovenschen. es 1338

Logik des Herzens. Die soziale Dimension der Gefühle. Herausgegeben von Gerd Kahle. es 1042

Lohn: Liebe. Zum Wert der Frauenarbeit. Herausgegeben von Alice Schwarzer. es 1225

Steven Marcus: Umkehrung der Moral. Sexualität und Pornographie im viktorianischen England. Aus dem Amerikanischen übersetzt von Angela Praesent und Ann Anders. es 903

Masao Maruyama: Denken in Japan. Eingeleitet und aus dem Japanischen übertragen von Wolfgang Schamoni und Wolfgang Seifert. es 1398

305/3/4.89

Soziologie, Ethnologie, Anthropologie in der edition suhrkamp

Karl Marx: Die ethnologischen Exzerpthefte. Herausgegeben von Lawrence Krader. Übersetzt von Angelika Schweikhart. es 800

Der Mensch als Risiko. Zur Logik von Prävention und Früherkennung. Herausgegeben von Manfred Max Wambach. Übersetzungen aus dem Französischen und Italienischen von Christa Schulz. es 1153

Mythos ohne Illusion. Mit Beiträgen von Jean-Pierre Vernant, Marcel Detienne, Pierre Smith, Jean Pouillon, André Green und Claude Lévi-Strauss. Aus dem Französischen von Ulrike Bokelmann. es 1220

Chie Nakane: Die Struktur der japanischen Gesellschaft. Aus dem Englischen von Jobst-Mathias Spannagel und Heide Günther- Spannagel. es 1204

Naturplan und Verfallskritik. Zu Begriff und Geschichte der Kultur. Herausgegeben von Helmut Brackert und Fritz Wefelmeyer. es 1211

Oskar Negt/Alexander Kluge: Öffentlichkeit und Erfahrung. Zur Organisationsanalyse von bürgerlicher und proletarischer Öffentlichkeit. es 639

Ulrich Oevermann: Sprache und soziale Herkunft. Ein Beitrag zur Analyse schichtenspezifischer Sozialisationsprozesse und ihrer Bedeutung für den Schulerfolg. es 519

Dieter Prokop: Medien- Wirkungen. es 1074

Ulrike Prokop: Weiblicher Lebenszusammenhang. Von der Beschränktheit der Strategien und der Unangemessenheit der Wünsche. es 808

Joachim Radkau: Technik in Deutschland. NHB. es 1536

Rechtsalltag von Frauen. Herausgegeben von Ute Gerhard und Jutta Limbach. es 1423

Rüstung und soziale Sicherheit. Friedensanalysen Bd. 20. es 1196

Christoph Sachße: Mütterlichkeit als Beruf. Sozialarbei t, Sozialreform und Frauenbewegung 1871-1929. es 1351

Das Schwinden der Sinne. Herausgegeben von Dietmar Kamper und Christoph Wulf. es 1188

Klaus Segbers: Der sowjetische Systemwandel. es 1561

Rolf Peter Sieferle: Die Krise der menschlichen Natur. Zur Geschichte eines Konzeptes. es 1567

Georg Simmel: Schriften zur Philosophie und Soziologie der Geschlechter. Herausgegeben und eingeleitet von Heinz-Jürgen Dahme und Klaus Christian Köhnke. es 1333

Alfred Sohn-Rethel: Soziologische Theorie der Erkenntnis. Mit einem Vorwort von Jochen Hörisch. es 1218

– Warenform und Denkform. Mit zwei Anhängen. es 904

Soziale Sicherheit und soziale Disziplinierung. Beiträge zu einer historischen Theorie der Sozialpolitik. Herausgegeben von Christoph Sachße und Florian Tennstedt. es 1323

305/4/4.89

Soziologie, Ethnologie, Anthropologie in der edition suhrkamp

Soziale Unterstützung und chronische Krankheit. Zum Stand sozialepidemiologischer Forschung. Herausgegeben von Bernhard Badura. es 1063

Sozialpolitik als soziale Kontrolle. Tim Guldimann, Marianne Rodenstein, Ulrich Rödel, Frank Stille. Starnberger Studien 2. es 963

Sport – Eros – Tod. Herausgegeben von Gerd Hortleder und Gunter Gebauer. es 1335

Friedrich Thiemann: Kinder in den Städten. es 1461

Vor der Jahrtausendwende. Berichte zur Lage der Zukunft. 2 Bde. Herausgegeben von Peter Sloterdijk. es 1550

Die Wiederkehr des Körpers. Herausgegeben von Dietmar Kamper und Christoph Wulf. es 1132

Zerstörung und Wiederaneignung von Zeit. Herausgegeben von Rainer Zoll. es 1411

Rainer Zoll: Der Doppelcharakter der Gewerkschaften. Zur Aktualität der Marxschen Gewerkschaftstheorie. es 816

Die Zukunft der Aufklärung. Herausgegeben von Jörn Rüsen, Eberhard Lämmert und Peter Glotz. es 1479

305/5/4.89

Philosophie
in der edition suhrkamp

Theodor W. Adorno: Eingriffe. Neun kritische Modelle. es 10
– Gesellschaftstheorie und Kulturkritik. es 772
– Jargon der Eigentlichkeit. Zur deutschen Ideologie. es 91
– Ohne Leitbild. Parva Aesthetica. es 201
– Stichworte. Kritische Modelle 2. es 347
Walter Benjamin: Das Passagen-Werk. 2 Bde. Herausgegeben von Rolf Tiedemann. es 1200
– Zur Kritik der Gewalt und andere Aufsätze. Mit einem Nachwort von Herbert Marcuse. es 103
Ernst Bloch: Abschied von der Utopie? Vorträge. Herausgegeben und mit einem Nachwort versehen von Hanna Gekle. es 1046
– Kampf, nicht Krieg. Politische Schriften 1917-1919. Herausgegeben von Martin Korol. es 1167
Gernot Böhme: Anthropologie in pragmatischer Hinsicht. Darmstädter Vorlesungen. es 1301
– Für eine ökologische Naturästhetik. es 1556
Hartmut Böhme: Natur und Subjekt. Versuche zur Geschichte der Verdrängung. es 1470
Pierre Bourdieu: Die politische Ontologie Martin Heideggers. Aus dem Französischen von Bernd Schwibs. es 1514
Rüdiger Bubner: Ästhetische Erfahrung. es 1564
Denken, das an der Zeit ist. Herausgegeben von Florian Rötzer. es 1406
Jacques Derrida: Die Stimme und das Phänomen. Ein Essay über das Problem des Zeichens in der Philosophie Husserls. Aus dem Französischen übersetzt und mit einem Vorwort versehen von Jochen Hörisch. es 945
Walter Euchner: Egoismus und Gemeinwohl. Studien zur Geschichte der bürgerlichen Philosophie. es 614
Paul Feyerabend: Erkenntnis für freie Menschen. Veränderte Ausgabe. es 1011
– Wissenschaft als Kunst. es 1231
Michel Foucault: Raymond Roussel. Übersetzt von Renate Hörisch-Helligrath. es 1559
Die Frage nach dem Subjekt. Herausgegeben von Manfred Frank, Gérard Raulet und Willem van Reijen. es 1430
Manfred Frank: Einführung in die frühromantische Ästhetik. es 1563
– Gott im Exil. Vorlesungen über die Neue Mythologie. II. Teil. es 1506
– Die Grenzen der Verständigung. es 1481
– Der kommende Gott. Vorlesungen über die Neue Mythologie. I. Teil. es 1142

304/1/4.89

Philosophie
in der edition suhrkamp

Manfred Frank: Motive der Moderne. es 1456
– Die Unhintergehbarkeit von Individualität. Reflexionen über Subjekt, Person und Individuum aus Anlaß ihrer ›postmodernen‹ Toterklärung. es 1377
– Was ist Neostrukturalismus? es 1203

Die gesellschaftliche Orientierung des wissenschaftlichen Fortschritts. Gernot Böhme, Wolfgang van den Daele, Rainer Hohlfeld, Wolfgang Krohn, Wolf Schäfer, Tilman Spengler. es 877

Paul Goodman: Die Tatsachen des Lebens. Ausgewählte Schriften und Essays. es 1359

Jürgen Habermas: Technik und Wissenschaft als Ideologie. es 287

Dieter Henrich: Hegel im Kontext. es 510
– Konzepte. Essays zur Philosophie in der Zeit. es 1400

Jochen Hörisch: Die Wut des Verstehens. es 1485

Individuum und Praxis. Positionen der »Budapester Schule«. Beiträge von Georg Lukács, Agnes Heller, Mihály Vajda, György Márkus, Maria Márkus, Andras Hegedüs und Ferenc Fehér. es 545

Luce Irigaray: Speculum. Spiegel des anderen Geschlechts. Aus dem Französischen übersetzt von Xenia Rajewsky, Gabriele Ricke, Gerburg Treusch-Dieter und Regine Othmer. es 946

Max Kaltenmark: Lao-tzu und der Taoismus. Aus dem Französischen von Manfred Porkert. es 1055

Ronald D. Laing: Phänomenologie der Erfahrung. Aus dem Englischen übersetzt von Klaus Figge und Waltraud Stein. es 314

Dietrich Lange: Wider Sinn und Bedeutung. es 1512

Thomas H. Macho: Todesmetaphern. Vom Reden über den Tod. es 1419

Herbert Marcuse: Ideen zu einer kritischen Theorie der Gesellschaft. es 300
– Konterrevolution und Revolte. Unter Mitwirkung von Alfred Schmidt übersetzt von Rolf und Renate Wiggershaus. Autorisierte Übersetzung. es 591
– Kultur und Gesellschaft 1. es 101
– Kultur und Gesellschaft 2. es 135
– Versuch über die Befreiung. Übersetzt von Helmut Reinicke und Alfred Schmidt. es 329

Masao Maruyama: Denken in Japan. Eingeleitet und aus dem Japanischen übertragen von Wolfgang Schamoni und Wolfgang Seifert. es 1398

Ursula Reitemeyer: Erwachende Sinnlichkeit. Ludwig Feuerbachs Entwurf einer Philosophie der Zukunft. es 1417

Joachim Ritter: Hegel und die französische Revolution. es 114

304/2/4.89

Philosophie in der edition suhrkamp

Clément Rosset: Das Reale. Traktat über den Schwach-Sinn. Aus dem Französischen von Renate Hörisch-Heligrath. es 1442

Bertrand Russell: Probleme der Philosophie. Aus dem Englischen übersetzt und mit einem Nachwort versehen von Eberhard Bubser. es 207

– Wege zur Freiheit. Sozialismus, Anarchismus, Syndikalismus. Aus dem Englischen übersetzt und herausgegeben von Reiner Demski. es 447

Thomas A. Sebeok/Jean Umiker-Sebeok: »Du kennst meine Methode.« Charles S. Peirce und Sherlock Holmes. Aus dem Amerikanischen von Achim Eschbach. es 1121

Michel Serres: Der Hermaphrodit. Aus dem Französischen von Reinhard Kaiser. es 1552

Georg Simmel: Schriften zur Philosophie und Soziologie der Geschlechter. Herausgegeben und eingeleitet von Heinz-Jürgen Dahme und Klaus Christian Köhnke. es 1333

Peter Sloterdijk: Der Denker auf der Bühne. Nietzsches Materialismus. es 1353

– Eurotaoismus. Zur Kritik der politischen Kinetik. es 1450

– Kopernikanische Mobilmachung und ptolemäische Abrüstung. Ästhetischer Versuch. es 1375

– Kritik der zynischen Vernunft. 2 Bde. es 1099

– Zur Welt kommen – Zur Sprache kommen. Frankfurter Vorlesungen. es 1505

Peter Sloterdijks ›Kritik der zynischen Vernunft‹. es 1297

Alfred Sohn-Rethel: Soziologische Theorie der Erkenntnis. Mit einem Vorwort von Jochen Hörisch. es 1218

– Warenform und Denkform. Mit zwei Anhängen. es 904

Peter Strasser: Philosophie der Wirklichkeitssuche. es 1518

– Die verspielte Aufklärung. es 1342

Die unvollendete Vernunft: Moderne versus Postmoderne. Herausgegeben von Dietmar Kamper und Willem van Reijen. es 1358

Jean-Pierre Vernant: Die Entstehung des griechischen Denkens. Aus dem Französischen von Edmund Jacoby. es 1150

Versuchungen 1/2. Aufsätze zur Philosophie Paul Feyerabends. Herausgegeben von Hans Peter Duerr. es 1044/1068

Von der Verantwortung des Wissens. Positionen der neueren Philosophie der Wissenschaft. Herausgegeben von Paul Good. Mit Beiträgen von Paul K. Feyerabend, Hans-Georg Gadamer, Kurt Hübner, Stephen Toulmin und Paul Good. es 1122

Vor der Jahrtausendwende. Berichte zur Lage der Zukunft. 2 Bde. Herausgegeben von Peter Sloterdijk. es 1550

304/3/4.89

Philosophie
in der edition suhrkamp

Ludwig Wittgenstein: Tractatus logico-philosophicus. Logisch-philosophische Abhandlung. es 12

Konrad Wünsche: Der Volksschullehrer Ludwig Wittgenstein. Mit neuen Dokumenten und Briefen aus den Jahren 1919 bis 1926. es 1299

Die Zukunft der Aufklärung. Herausgegeben von Jörn Rüsen, Eberhard Lämmert und Peter Glotz. es 1479

304/4/4.89

Neue Historische Bibliothek in der edition suhrkamp

»Hans-Ulrich Wehlers fast aus dem Nichts entstandene ›Neue Historische Bibliothek‹ ist (...) nicht nur ein forschungsinternes, sondern auch ein kulturelles Ereignis.« Frankfurter Allgemeine Zeitung

Abelshauser, Werner: Wirtschaftsgeschichte der Bundesrepublik Deutschland 1945-1980. NHB. es 1241

Alter, Peter: Nationalismus. NHB. es 1250

Becher, Ursula: Geschichte des modernen Lebensstils in Deutschland seit 1750. NHB. es 1253

Berghahn, Volker: Unternehmer und Politik in der Bundesrepublik. NHB. es 1265

Blasius, Dirk: Geschichte der politischen Kriminalität in Deutschland 1800-1980. Eine Studie zu Justiz und Staatsverbrechen. NHB. es 1242

Botzenhart, Manfred: Reform, Restauration, Krise. Deutschland 1789-1847. NHB. es 1252

Carsten, Francis L.: Geschichte der preußischen Junker. NHB. es 1273

Dippel, Horst: Die Amerikanische Revolution 1763-1787. NHB. es 1263

Frevert, Ute: Frauen-Geschichte. Zwischen bürgerlicher Verbesserung und Neuer Weiblichkeit. NHB. es 1284

Geiss, Immanuel: Geschichte des Rassismus. NHB. es 1530

Geyer, Michael: Deutsche Rüstungspolitik 1860-1980. NHB. es 1246

Grimm, Dieter Deutsche Verfassungsgeschichte 1776-1866. NHB. es 1271

Haupt, Heinz-Gerhard: Sozialgeschichte Frankreichs seit 1789. NHB. es 1535

Hentschel, Volker: Geschichte der deutschen Sozialpolitik 1880-1980. Soziale Sicherung und kollektives Arbeitsrecht. NHB. es 1247

Hildermeier, Manfred: Die russische Revolution. NHB. es 1534

Holl, Karl: Pazifismus in Deutschland. NHB. es 1533

Jaeger, Hans: Geschichte der Wirtschaftsordnung in Deutschland. NHB. es 1529

Jarausch, Konrad H.: Deutsche Studenten 1800-1970. NHB. es 1258

Jasper, Gotthard: Die gescheiterte Zähmung. Wege zur Machtergreifung Hitlers 1930-1934. NHB. es 1270

Kluge, Ulrich: Die deutsche Revolution 1918/1919. Staat, Politik und Gesellschaft zwischen Weltkrieg und Kapp-Putsch. NHB. es 1262

Kluxen, Kurt: Geschichte und Problematik des Parlamentarismus. NHB. es 1243

Kraul, Margret: Das deutsche Gymnasium 1780-1980. NHB. es 1251

314/1/8.88

Neue Historische Bibliothek
in der edition suhrkamp

Langewiesche, Dieter: Deutscher Liberalismus. NHB. es 1286
Lehnert, Detlef: Sozialdemokratie zwischen Protestbewegung und Regierungspartei 1848-1983. NHB. es 1248
Lenger, Friedrich: Sozialgeschichte der deutschen Handwerker. NHB. es 1532
Lönne, Karl-Egon: Politischer Katholizismus im 19. und 20. Jahrhundert. NHB. es 1264
Lottes, Günther: Sozialgeschichte Englands seit 1688. NHB. es 1255
Marschalck, Peter: Bevölkerungsgeschichte Deutschlands im 19. und 20. Jahrhundert. NHB. es 1244
Mitterauer, Michael: Sozialgeschichte der Jugend. NHB. es 1278
Möller, Horst: Vernunft und Kritik. Deutsche Aufklärung im 17. und 18. Jahrhundert. NHB. es 1269
Mooser, Josef: Arbeiterleben in Deutschland 1900-1970. Klassenlagen, Kultur und Politik. NHB. es 1259
Peukert, Detlev J. K.: Die Weimarer Republik. NHB. es 1282
Reulecke, Jürgen: Geschichte der Urbanisierung in Deutschland. NHB. es 1249
Schönhoven, Klaus: Die deutschen Gewerkschaften. NHB. es 1287
Schröder, Hans-Christoph: Die Revolutionen Englands im 17. Jahrhundert. NHB. es 1279
Schulze, Winfried: Deutsche Geschichte im 16. Jahrhundert. NHB. es 1268
Sieder, Reinhard: Sozialgeschichte der Familie. NHB. es 1276
Siemann, Wolfram: Die deutsche Revolution von 1848/49. NHB. es 1266
Staritz, Dietrich: Geschichte der DDR 1949-1985. NHB. es 1260
Thränhardt, Dietrich: Geschichte der Bundesrepublik Deutschland. NHB. es 1267
Ullmann, Hans-Peter: Interessenverbände in Deutschland. NHB. es 1283
Wehler, Hans-Ulrich: Grundzüge der amerikanischen Außenpolitik 1750-1900. Von den englischen Küstenkolonien zur amerikanischen Weltmacht. NHB. es 1254
Wippermann, Wolfgang: Europäischer Faschismus im Vergleich 1922-1982. NHB. es 1245
Wirz, Albert: Sklaverei und kapitalistisches Weltsystem. NHB. es 1256
Wunder, Bernd: Geschichte der Bürokratie in Deutschland. NHB. es 1281
Ziebura, Gilbert: Weltwirtschaft und Weltpolitik 1922/24-1931. Zwischen Rekonstruktion und Zusammenbruch. NHB. es 1261

314/2/8.88